JEAN-ANTOINE SAUZET

INSTITUTEUR

LES ÉCHOS DE SOUBÈS

PENDANT LA

GUERRE DE 1914-1918

ET

LIVRE D'OR

DES

MOBILISÉS DE LA COMMUNE

LIBRAIRIE BERGER-LEVRAULT

NANCY-PARIS-STRASBOURG

1919

Prix : 4 francs

LES

ÉCHOS DE SOUBÈS

PENDANT LA

GUERRE DE 1914-1918

JEAN-ANTOINE SAUZET

INSTITUTEUR

LES ÉCHOS DE SOUBÈS

PENDANT LA

GUERRE DE 1914-1918

ET

LIVRE D'OR

DES

MOBILISÉS DE LA COMMUNE

LIBRAIRIE BERGER-LEVRAULT

NANCY-PARIS-STRASBOURG

1919

A MES CHERS ÉLÈVES DE SOUBÈS

AUX VAILLANTS POILUS DE SOUBÈS

A TOUTE LA POPULATION DE SOUBÈS

Je dédie ce modeste ouvrage, en souvenir de l'affection que j'ai eue pour tous et du bien que j'ai essayé de leur faire.

J.-A. Sauzet,
Instituteur.

Soubès, avril 1919.

LES ÉCHOS DE SOUBÈS PENDANT LA GUERRE DE 1914-1918

I

SOUBÈS PENDANT LA GUERRE

SOUBÈS

Le village. — Soubès est un coquet petit village de l'Hérault, d'environ 600 habitants, situé à 5 kilomètres au nord de Lodève, son chef-lieu de canton et d'arrondissement, avec lequel il communique par une large route ombragée de platanes. Il est bâti en amphithéâtre sur un petit monticule s'élevant entre les deux ruisseaux de *Braize* et du *Suberlet*, qui réunissent leurs eaux à une centaine de mètres au sud du village et vont ensuite grossir la Lergues à 1 kilomètre plus bas, après un cours des plus pittoresques, agrémenté de magnifiques cascades dont une, celle de l'*Oulette*, est une véritable curiosité.

Si, par un beau jour d'été, on contemple Soubès de la colline de Fozières au sud, on aperçoit ses maisons blanches, à terrasses superposées, émerger de la verdure des grands arbres qui bordent la route ou du lierre qui grimpe sur les ruines des vieux remparts. Tout en haut de la colline on devine les imposantes proportions de l'antique forteresse des seigneurs de Peyrottes, dont on voit encore la grande tour dépassant le clocher en hauteur, et deux tourelles flanquant la lourde bâtisse de ce qui reste du donjon central.

C'est au pied de l'ancien château seigneurial qu'est bâti le vieux Soubès aux rues étroites, tortueuses et grimpantes des quartiers dits de la ville et du Barry. Le nouveau Soubès a débordé l'enceinte fortifiée vers la place ombragée du Terral où s'est construite la mairie en 1870, et vers la rue de la Coural, artère principale où se groupent dans un alignement plus moderne des immeubles mieux construits et plus commodes, sinon plus pittoresques. C'est sur cette rue, à l'entrée du village en venant de Lodève, que se trouve l'école des filles, bâtie en 1892 avec cour et préau, ce dont est malheureusement dépourvue l'école des garçons installée à la mairie. Près de l'école des filles, un grand christ de mission marque l'emplacement d'une ancienne chapelle.

Ses environs. — Soubès a des environs qui sont d'un pittoresque incomparable, grâce à sa situation au milieu d'une profonde vallée s'ouvrant en fer à cheval vers Lodève. Les premiers contreforts boisés du Larzac bornent son horizon au nord, et s'arrondissent vers l'est en un magnifique cirque d'où jaillissent des milliers de sources vauclusiennes dont les eaux fraîches tombent en cascades gracieuses et vont, les unes alimenter les fontaines du village, les autres donner naissance aux deux ruisseaux poissonneux, la Braize et le Suberlet. Le regard est également charmé, soit qu'il s'élève vers les pentes étagées des coteaux où le rude travailleur récolte un vin capiteux, des olives renommées et des amandes délicieuses, soit qu'il s'abaisse vers les bords ombragés des cours d'eau où se groupent dans une agréable diversité les minuscules jardins et les vertes prairies, les vignes plantureuses et les vergers productifs.

La beauté de ces paysages et les curiosités naturelles qu'on y admire sont un attrait pour les étrangers qui, chaque année, aux beaux jours, viennent y villégiaturer en grand nombre. Ils y trouvent, en plus d'un aimable accueil, une eau abondante et fraîche, un air pur et vif, des buts d'excursions intéressants, des fruits variés et excellents, des ombrages délicieux, deux rivières pittoresques aussi propices aux baignades qu'aux joyeux passe-temps de la pêche aux truites, aux goujons, aux écrevisses.

Ses habitants. — A part une vingtaine d'ouvriers ou ouvrières occupés aux fabriques de drap du Pont ou du Martinet, et à la carderie de l'Oulette, tous les habitants de Soubès sont des cultivateurs-vignerons. Pas de riches propriétaires, pas de gros fermiers; mais il est peu de Soubésiens qui n'aient à vendre quelques hectolitres de vin, quelques kilogrammes d'olives, quelques paniers de fruits, quelques litres de lait de chèvre, etc. On y récolte chaque année environ 8.000 hectolitres de vin. Il y a une quarantaine de chevaux et autant d'ânes et mulets. Pas de bœufs ni de vaches. Peu de bêtes à laine, si ce n'est un troupeau d'une cinquantaine de brebis du Larzac et quelques moutons à l'engrais chez le boucher.

Jouissant d'une modeste aisance, le Soubésien, sans être dépensier, aime la vie confortable. Son intérieur est propre et bien meublé. Sa nourriture est soignée, sa tenue est distinguée et presque coquette, son langage généralement bien français. Les enfants fréquentent régulièrement l'école toute l'année, et presque tous en sortent avec le certificat d'études. Plusieurs continuent leurs études avec succès, et l'on est étonné de compter, dans un si petit village, un si grand nombre d'officiers, de médecins, de professeurs, d'instituteurs, etc., qui tous sont fiers de leur petite patrie et sont heureux d'y venir passer leurs vieux jours. Si le chiffre de la population ne va pas en augmentant, ce n'est pas que la jeunesse émigre dans les villes, mais c'est parce que les familles sont peu nombreuses et que depuis quelques années il n'y a plus la population flottante des ouvriers autrefois occupés à l'industrie du drap dans les usines des environs, aujourd'hui fermées.

DE LA PAIX A LA GUERRE

On ne croyait pas à la possibilité de la guerre. — Dans le calme et le bien-être d'une vie laborieuse, la population de Soubès goûtait les douceurs d'une longue paix, ne croyant pas à la possibilité d'une guerre qui allait subitement faire le vide dans ses foyers. Rien d'ailleurs ne le faisait prévoir. Aussi lorsque, au début du mois de juillet 1914, nous eûmes à loger les troupes qui allaient faire leurs tirs dans les environs, et quand, à leur retour, nous admirions l'allure martiale de nos soldats qui traversaient le village, drapeaux au vent et musique en tête, nous étions loin de nous douter qu'un mois plus tard les beaux régiments, le 142e, le 96e et le 81e, seraient décimés à la frontière par la mitraille ennemie. De même, au soir de la fête nationale que, cette année, la municipalité voulut célébrer magnifiquement, c'est avec une joie sans mélange que tout le monde admira et applaudit les jeunes garçons de l'école exécutant avec un ensemble parfait de gracieux mouvements de gymnastique sous les ombrages du Terral. C'est aussi avec un véritable ébahissement qu'on contempla le brillant feu d'artifice ; c'est avec un entrain complet qu'on dansa presque toute la nuit au son de l'orchestre sous les lumières multicolores des illuminations. De longtemps on n'avait vu pareille fête et depuis on s'est souvent demandé quand elle pourrait se renouveler. Presque tous les mobilisés m'ont rappelé ce souvenir dans leurs lettres. Cependant les événements d'Autriche et de Serbie se précipitent. La population discute le soir après souper, en prenant le frais ; mais personne ne se croit à la veille de la mobilisation. Ils n'y croyaient pas non plus ces jeunes fiancés qui, samedi matin, 1er août, se sont mariés à la mairie. Après la cérémonie je souhaite aux époux que leur noce ne soit pas troublée par quelque nouvelle ou événement fâcheux. Un bruyant éclat de rire des invités me prouve qu'ils ne sont pas si pessimistes que moi.

Les premiers jours de la mobilisation (*Extraits du journal que j'ai rédigé à partir du 1er août*).

Samedi 1er août. — Les journaux arrivent à l'heure ordinaire. Dans le village, des groupes se forment et les conversations s'animent. Je lis à la hâte et j'annote un vieil ouvrage trouvé à la mairie sur les devoirs du maire en cas de mobilisation. A 4h 15, j'étais sur le Terral quand je vois arriver

M. le maire, tenant un papier blanc à la main. « Ça y est ! me dit-il, c'est la mobilisation générale. » Je m'y attendais, et pourtant je n'ai pu me défendre d'une émotion poignante. En l'absence du crieur public, je prends mon piston et je commence la publication de la grosse nouvelle dans le village. Les premiers qui l'entendent sont les invités de la noce qui s'amusent gaiement sous les ombrages du café voisin de la mairie. On m'entoure ; l'émotion est intense. Le marié est mobilisable le deuxième jour (et il sera une des premières victimes). Quelques femmes éclatent en sanglots. Je parcours le village. L'émotion voile un peu ma voix. J'entends pleurer des femmes dans les maisons.

5h 30. — Les gendarmes, en automobile, apportent les affiches et les instructions. Je les complète, et, en compagnie de quatre hommes, nous les plaçons aux dix endroits indiqués sur la feuille spéciale. Toujours des groupes dans les rues. On cause avec animation. On nomme déjà ceux qui doivent partir demain, après-demain. En général, les hommes mobilisables ont une attitude crâne. Mais les femmes !...

6 heures. — Je publie que les hommes mobilisables veuillent bien se réunir à l'école ce soir, à 8h 30, pour entendre des instructions.

8h 30. — La réunion a lieu, bruyante de conversations. Je donne les explications que je crois utiles au sujet du départ des hommes. Je termine par ces mots : *Mes amis, bon courage et vive la France !* Le cri est unanimement répété. On entonne la *Marseillaise,* et la réunion prend fin dans un enthousiasme angoissé. Des groupes se forment dans les rues jusque tard dans la nuit. Un grand nombre de mobilisables viennent me montrer leur fascicule et me demander des explications supplémentaires.

Dimanche 2 août. Premier jour de la mobilisation. — Matinée très terne et très triste. On attend les journaux avec impatience et, à leur arrivée, ils sont dévorés. Les plus absurdes nouvelles avaient circulé qui sont démenties. De bon matin les quatre premiers partants ont quitté le village, le cœur un peu gros au moment de la séparation. Toute la journée, grande animation dans les rues et au café, jusque tard dans la nuit.

Lundi 3 août. Deuxième jour de la mobilisation. — Vingt-cinq mobilisés partent, et parents et amis leur font des adieux attendris et, en général, courageux et encourageants. A la dernière embrassade les femmes pleurent, mais discrètement. Le plus dur pour les papas, c'est de se séparer des enfants qu'ils étreignent longuement. Puis ils se mettent en marche par groupes et chacun tient à honneur de montrer de l'entrain, du courage. C'est impressionnant tout de même, cette séparation, et moi-même je fais vainement des efforts pour dissimuler mon émotion.

C'est aujourd'hui la réquisition des chevaux. J'accompagne les propriétaires à Lodève pour y présenter à la commission les registres de classement. Le long de la route s'échelonnent les groupes de chevaux et les groupes de mobilisés. C'est d'un pittoresque impressionnant et quelque peu triste. Je passe la matinée à Lodève. Les mobilisés ne prennent le train qu'à 11^h 25, ce qui me permet de causer longuement avec eux. Ils se sont bien rassérénés et, en échangeant force poignées de main, je reçois quelques confidences et des recommandations pour les familles.

Entre temps, on affiche à Lodève des instructions relatives à l'état de siège, ce qui effraie beaucoup de gens qui ne savent pas trop ce que cela veut dire. Il est près de midi et aucun journal n'est arrivé. A Soubès, on se passe un exemplaire en un seul feuillet du *Petit Méridional* apporté de Montpellier par une automobile. C'est bien certain, nous sommes en état de guerre et la consternation est grande surtout dans les familles des partants. A 3 heures, les gendarmes apportent les affiches relatives à l'état de siège, qui sont aussitôt placardées et entourées par des groupes qui les commentent diversement. J'ai eu à rectifier bien des erreurs à cette occasion.

En même temps ont été placardées les affiches ordonnant aux étrangers de se faire inscrire à la mairie. Une circulaire préfectorale prescrit aussi de se munir d'un laissez-passer pour tout déplacement hors de la commune.

Mardi 4 août. Troisième jour de la mobilisation. — Une note parue dans les journaux et une circulaire de M. l'inspecteur d'Académie conseillent aux instituteurs non mobilisés de rester à leur poste *pour être auprès des autorités locales des auxiliaires dévoués, et auprès des populations des conseillers, des serviteurs zélés, prêts à rendre à tous les services que la situation pourrait exiger.* Avec Mme l'institutrice nous décidons de rassembler à l'école des filles tous les enfants pour les garder et faire exécuter leurs devoirs des vacances. Nous les surveillons à tour de rôle. La population paraît apprécier le sacrifice que nous faisons de nos vacances.

Une circulaire prescrit le visa par le maire de toutes les dépêches à l'arrivée et au départ. Impossible de quitter la mairie, tout le travail du secrétariat s'y complique. A 2 heures, une automobile amène le brigadier de gendarmerie. Grand émoi de la population, qui envahit la place de la mairie à l'affût de quelque nouvelle. Il ne s'agit que d'avertir les propriétaires de chevaux ajournés d'avoir à les représenter demain matin. Un Soubésien arrive de Montpellier apportant une page du journal *L'Éclair* qui relate l'entrée des Allemands en Belgique. M. le maire décide de convoquer les conseillers pour ce soir 8 heures et pour 9 heures les principaux habitants à l'effet d'aviser au moyen d'assurer la fourniture du pain après la déclaration faite par les deux boulangers qu'ils vont fermer leur boulangerie. A 8 heures, a lieu la réunion du Conseil. L'assemblée garantit le remboursement des avances que voudront bien consentir les propriétaires en vue d'assurer l'approvisionnement en pain pendant la guerre.

A 9 heures, quinze propriétaires sont réunis à la mairie. M. le maire me charge de leur exposer le but de la réunion. On émet divers avis. Finalement, on décide l'émission de bons de 25 francs et le fonctionnement d'un four municipal. Une commission dite de ravitaillement est nommée. Font partie de cette commission : Gros (Léopold), président ; Roux (Aristide), trésorier ; Sauzet (Jean), secrétaire. La réunion se prolonge jusqu'à 11 heures. En descendant de la mairie je jette un coup d'œil sur le journal qui est arrivé tard dans la soirée. Des bruits étranges ont circulé, toujours colportés et exagérés par les bavards que l'invraisemblance ne trouble pas. La population, un peu angoissée par la certitude que la guerre a commencé, reste pourtant calme. Le manque de nouvelles et l'absence de correspondances produit un visible énervement. Mais on se résigne et on juge avec indignation les procédés barbares des Allemands violateurs de la Belgique. Le patriotisme se montre ardent. Ceux qui vont partir disent qu'ils feront bravement leur devoir. Ceux qui restent les encouragent, et plusieurs se demandent comment ils pourront être utiles à la patrie. Les anciens, qui se souviennent de *septante,* ont beaucoup à dire et sont respectueusement écoutés.

Mercredi 5 août. Quatrième jour de la mobilisation. — Encore une journée très terne et très triste. Nombreuses dépêches de la préfecture. A 8h30 du soir a lieu la première réunion de la commission de ravitaillement. Les dernières dispositions sont prises pour l'organisation du four. A l'issue de la réunion, on me remet le journal, distribué vers 9 heures et rendant compte de la séance de la Chambre des Députés du 4 août : message présidentiel, enthousiasme général, union des partis, déclaration de guerre à la Belgique par l'Allemagne.

Jeudi 6 août. Cinquième jour de la mobilisation. — Dans la matinée j'affiche dans le village l'arrêté municipal relatif à la commission de ravitaillement et réglementant la fabrication et la vente du pain à partir du 10 août. Le manque de nouvelles durant toute la journée énerve la population qui m'interpelle à chaque instant dès que je parais dans la rue, en me disant : *Rien de nouveau ?...* M. le curé Lavaysse (Louis) est parti ce matin se rendant à Perpignan comme infirmier.

La population, toute à l'idée de la guerre, néglige les travaux de la campagne. Le temps chaud et humide favorise les maladies cryptogamiques des vignes qui ne sont pas suffisamment soufrées ou sulfatées.

Une mauvaise interprétation des avis officiels sur les exportations, l'accroissement subit du prix de la farine chez M. Pascal, minotier à Lodève, qui vend la balle 60 francs au lieu de 45 francs ; la rareté de certaines denrées, comme le sucre et le chocolat, et surtout les exagérations alarmistes des bavards, font naître quelques craintes pour l'approvisionnement pendant la guerre. Quelques-uns cherchent déjà à accumuler des provisions. Pourtant dans l'ensemble on reste calme et digne. A part de rares exceptions, les préoccupations d'intérêts particuliers cèdent le pas aux préoccupations d'ordre patriotique.

Le soir à 8h 30, distribution des carnets de bons de 25 francs aux membres de la commission qui doivent les placer à domicile demain matin. Le journal *Le Petit Méridional*, toujours sur un seul feuillet, distribué vers les 8 heures du soir, porte en grand titre : *L'Allemagne contre l'Europe*. Déclaration de guerre à l'Allemagne par l'Angleterre. — La Belgique envahie par les Allemands : plusieurs villes belges décimées et détruites.

Quelques cartes postales des partants sont arrivées dans les familles et on se les passe fébrilement. Le régiment de Lodève, 142e d'infanterie, est parti au milieu d'un enthousiasme délirant de la population, qui s'est portée en masse à la gare, chantant la *Marseillaise*, jètant des fleurs, embrassant les soldats. La ville se trouve ainsi presque déserte et étonnamment triste. Un hôpital s'organise au collège.

ADMINISTRATION COMMUNALE

Le Conseil municipal. — Quand la guerre a éclaté, le Conseil municipal de Soubès, élu en 1912, était au grand complet. Voici sa composition : MM. Gros (Joseph), maire; Rouquet (Frédéric), adjoint, puis par ordre alphabétique : Arnal (Joseph), Babot (Maurice), Barthélemy (Alphonse), Caisso (Léonce), Caylus (Antonin), Fabre (Alexis), Février (Albert), Gros (Victorin), Milhau (Auguste), Portefaix (Noël).

Dès le premier jour M. Portefaix a été mobilisé, mais a été libéré au bout de quelques semaines. Ont été successivement appelés : Rouquet (Frédéric), adjudant; Caisso (Léonce), caporal, puis sergent et chef de section; Barthélemy (Alphonse), Arnal (Joseph), Caylus (Antonin), Gros (Victorin), Février (Albert). Tous ces mobilisés ont eu la chance de revenir sains et saufs de la guerre, après y avoir fait courageusement leur devoir. L'absence des sept conseillers mobilisés et l'abstention d'un huitième a réduit le Conseil en exercice à quatre membres. Forcément l'administration communale devait en éprouver un certain malaise, et le maire se trouvait dans une situation difficile dont il serait injuste de ne pas tenir compte avant de juger son œuvre.

Le secrétaire. — Du fait des circonstances, le rôle du secrétaire de mairie a pris une importance exceptionnelle. Appelé par sa situation à seconder M. le maire, il s'est vu bien des fois dans la nécessité de partager avec lui le périlleux honneur de prendre les initiatives et d'endosser les responsabilités que réclamaient les affaires urgentes. Les décisions une fois prises, c'était ordinairement au secrétaire que revenait la partie active de l'exécution. Jusqu'à la fin de 1918, les relations ont été empreintes d'une cordialité et d'une confiance réciproque suffisantes pour faciliter à l'un et à l'autre la lourde tâche qui leur incombait. Par rapport à la population, l'instituteur-secrétaire de mairie s'est trouvé le conseiller tout naturel et un peu le secrétaire de tout le monde, quand il s'est agi d'appliquer les nouvelles lois ou d'interpréter les nombreuses instructions préfectorales ou ministérielles. Souvent même le besoin de renseigner les habitants aussi clairement et aussi vite que possible, l'a obligé à se faire lui-même crieur public et afficheur. Si, de ce fait, son travail et son assujettissement se sont trouvés considérablement augmentés, il en a été récompensé par les nombreux témoignages de sympathique confiance et par des manifestations spontanées de sincère reconnaissance, dont il gardera le meilleur souvenir.

Commission de ravitaillement. — On se rappelle que les principaux propriétaires, réunis à la mairie au soir du 4 août 1914, nommèrent une commission chargée d'organiser le ravitaillement de la commune en pain et denrées alimentaires. Cette heureuse institution, qui a mérité les éloges des autorités départementales, aida puissamment l'administration municipale dont elle tenait son mandat et ses pouvoirs, et rendit les plus signalés services à la population. Pour se procurer les premiers fonds nécessaires, elle fit appel à l'esprit de solidarité des habitants, en émettant des bons de 25 francs remboursables sans intérêts à la fin des hostilités. Quatre-vingt-huit souscripteurs avancèrent ainsi la somme totale de 2.200 francs. Entrée en exercice le 10 août 1914, elle a fonctionné jusqu'au 4 février 1918. Elle s'est chargée de la direction du four municipal, de l'approvisionnement en farine, de la fabrication et de la vente du pain. Moyennant un tant par balle, le boulanger gérant assurait le fonctionnement du four, selon les besoins de la population, encaissait le produit de la vente, à charge pour lui d'en verser chaque semaine le montant au trésorier et de produire un compte-inventaire au président. Dans des réunions périodiques, la Commission établissait sa situation financière, prenait en commun toutes dispositions jugées nécessaires et, en se basant sur le prix des farines, fixait le prix du pain. Ce prix a toujours été aussi bas que possible et souvent inférieur à celui qui se pratiquait à Lodève et dans les communes voisines. Mais bien souvent la nécessité de ne pas vendre à perte a obligé de vendre avec un léger bénéfice qui, en se répétant, a produit une certaine somme dont la population a d'ailleurs profité uniquement. En effet, grâce à cette avance, la Commission se trouvait à même de parer aux éventualités malheureuses qui auraient pu se produire : incendie, accident, etc..., et elle pouvait aussi augmenter peu à peu ses provisions de farine, qui lui ont permis d'avoir toujours du pain de bonne qualité et à discrétion, même aux dures époques où beaucoup de communes ont connu les sévérités du rationnement, les dégoûts du pain noir ou jaune et les privations des jours sans pain. Enfin les fonds disponibles, après le règlement définitif, ont été affectés à l'érection d'un monument *Aux enfants de Soubès morts pour la Patrie*. De la sorte, ce pieux hommage à nos chers disparus sera bien dû à une véritable souscription de tous les habitants de Soubès, à laquelle est venue s'ajouter celle organisée par M. le curé. Grâce au dévouement et à l'esprit d'initiative de M. Léopold Gros, président, la commune a eu non seulement du pain, mais encore a bénéficié de plusieurs distributions de denrées alimentaires à des prix inférieurs à ceux du commerce (sucre, riz, lentilles, pommes de terre). Tous les vrais Soubésiens ont su apprécier ces services et en garderont un souvenir reconnaissant.

Quêtes. — 1° *Vin aux combattants.* — Fin août 1914, la commune a pris part à la souscription organisée dans le Midi viticole pour donner gratuitement du vin aux combattants.

Chaque propriétaire a offert environ 1 °/₀ de sa récolte, quelques-uns plus, ce qui a produit un total de 92 hectolitres, qui ont été envoyés sur le front par les soins de l'intendance.

2° *Vêtements chauds.* — Une quête dans ce but a produit 131 francs, et il a été donné 44 couvertures et plusieurs caleçons et chaussettes. Dès la rentrée des classes, les fillettes de l'école ont confectionné à leurs frais des cache-nez; de même les grandes demoiselles de la congrégation ont exécuté et envoyé chacune un cache-nez ou des chaussettes aux poilus soubésiens.

3° *Pour les blessés.* — Divers dons de vins fins, de fruits, de chocolat, de confitures, ont été apportés directement aux hôpitaux de Lodève. Une quête faite dans le village au commencement d'août 1914, par les jeunes filles, a produit 241 francs, et les jeunes garçons ont ramassé une quarantaine de paquets de tabac ou de cigarettes. Le tout a été remis à la *Croix-Rouge de Lodève* pour être distribué aux blessés.

4° *Journées.* — Dans les villes, elles consistaient dans la vente d'insignes symboliques ou artistiques; dans nos villages, elles prenaient surtout la forme de quêtes à domicile, avec remise d'insignes aux donateurs. Elles avaient pour but de soutenir les nombreuses œuvres de guerre nationales ou départementales.

Nous avons eu les journées du petit Drapeau belge, du 75, du Poilu, de l'Armée coloniale, des Orphelins de la guerre, des Œuvres de l'Hérault, de la Serbie, etc... Assez productives dans les premiers temps, elles avaient, vers la fin de la guerre, perdu un peu de leur popularité. Mais le zèle et le dévouement de nos jeunes quêteuses ou quêteurs ont surmonté les petites difficultés d'organisation et d'exécution, de manière que Soubès fut toujours en bonne place sur les listes générales de souscription.

5° *Cueillette de l'or et emprunts.* — L'ensemble de la population a facilement compris qu'il était de son devoir patriotique de confier son or au Gouvernement. Soit directement, soit par des intermédiaires, de fortes sommes ont été déposées aux caisses publiques. De même les emprunts ont eu, à Soubès, un succès qui a été remarqué, et j'ai entendu un fonctionnaire des Finances me dire spontanément que notre commune était une de celles qui, en proportion, avaient le plus souscrit dans l'arrondissement de Lodève.

Réfugiés. — Dès le mois d'octobre 1914, arriva à Soubès une famille de trois personnes, chassée de Soissons par l'avance boche. Elle fut reçue chez l'instituteur, ami personnel. Le 18 février 1915, douze Belges étaient envoyés par M. le préfet de l'Hérault. Les trois jeunes gens furent logés dans l'immeuble René, quartier de la ville. Ils ne restèrent qu'un an. Les autres, formant une famille, avec cinq enfants en bas âge, furent logés dans l'immeuble Camillière, sur le Terral, où ils étaient encore en 1919. Une fillette y est morte, et il y est né une fillette encore en vie et un petit garçon décédé à l'âge de quinze mois en 1918. En juillet 1915, arrivait, avec son enfant de huit ans, une jeune dame belge qui s'est mariée avec un Soubésien. Quelques mois après, une autre dame belge, avec deux enfants, était logée chez Mme Tronc. Le 4 février 1917, nous recevions une famille (cinq personnes) rapatriée du département envahi de la Somme. Elle fut hébergée dans l'immeuble Rolland, quartier du Bary, qu'elle quitta trois mois après pour aller à Amiens. C'est dans le même immeuble que fut installée une famille de quatre personnes, venant des environs de Reims et arrivée le 3 juin 1918, en même temps qu'une autre famille (trois personnes) venant des mêmes régions et logée dans l'immeuble Aimable Azémar, à la Ville. Dans le cimetière de la commune repose un rapatrié de la Meuse, mort à Soubès après un an de séjour.

Tous ces réfugiés arrivaient avec un léger balluchon de linge ou d'habits et dans un état lamentable de dénuement. La population leur a fait l'accueil sympathique qu'ils méritaient, et leur a fourni avec un louable empressement des objets de ménage, d'habillement, de literie, etc. L'administration communale s'occupait de leur réception et de leur installation convenable. Toutes les quinzaines, elle dressait le décompte de l'allocation qui leur était attribuée par l'État et qu'ils allaient toucher chez le percepteur. Tous les enfants des réfugiés, même ceux qui étaient âgés de huit à douze ans, étaient absolument illettrés.

Archives et souvenirs de la guerre. — Autant que c'était possible, tous les documents écrits adressés aux mairies ont été soigneusement collectionnés : dépêches officielles, circulaires, affiches, etc. J'aime à croire que le secrétaire comprendra tout l'intérêt qu'il y a à les classer et à les conserver. Quant aux affiches illustrées, je gardais ordinairement celle qui avait été apposée dans la grille de la mairie. De la sorte il en reste actuellement une trentaine qui ornent les murs du vestibule de la mairie ou de la salle de classe.

Dans le vestibule de la mairie sont également suspendus des tableaux ornementés par les élèves et donnant sur les mobilisés de Soubès des renseignements qui ont été tenus à jour pendant la durée de la guerre. Un tableau spécial contient la liste des morts; un autre donne le texte des citations. Tout cela forme comme un résumé du livre d'or des mobilisés de Soubès, dont la présence continuelle sous les yeux du public et particulièrement des enfants, ne peut qu'éveiller des sentiments de patriotisme, de reconnaissance et de pieux souvenir.

Aux Enfants de Soubès morts pour la France. — Si c'est pour nous un devoir de reconnaissance de fêter les combattants qui reviennent victorieux, c'en est un bien plus sacré de ne pas oublier ceux qui par leur mort glorieuse ont préparé la victoire et n'auront pas eu la joie du retour triomphal. Soubès ne manquera pas à ce devoir. Déjà pendant la guerre toute la population s'est associée au deuil des familles et à l'hommage rendu aux morts, en assistant aux services religieux célébrés à l'église. Le 1er novembre 1914, eut lieu une cérémonie touchante à laquelle assistèrent la municipalité et le Comité de ravitaillement. M. le curé, profitant d'une permission, avait fait orner l'église de drapeaux, et pendant l'office il prononça un fort beau discours en l'honneur de nos morts. Malgré la pluie, un cortège se forma ensuite pour porter au cimetière une couronne offerte par le Conseil municipal. Elle fut accrochée à la croix principale. Jusqu'à la fin de la guerre, des fleurs mêlées à des branches de laurier, ont été apportées là en souvenir de nos chers morts dont la liste s'allongeait un peu chaque année. En 1917, la veille de la Toussaint, les jeunes garçons de l'école, conduits par leur maître, sont allés en cortège silencieux et recueilli, déposer au pied de cette même croix des bouquets de chrysanthèmes et des branches de laurier, ainsi qu'une magnifique couronne qu'ils avaient achetée par cotisations.

Monument commémoratif. — Ainsi qu'il a été dit plus haut, le Comité de ravitaillement ayant décidé d'employer ses économies à l'érection d'un monument commémoratif, il s'est constitué en comité du monument, auquel a été adjoint M. Lavaysse, curé de la paroisse, qui, après en avoir informé la municipalité, avait organisé une souscription dont le montant s'est élevé à environ 1.000 francs. Le dimanche 2 février 1918, ce Comité, réuni chez le président, a débattu avec le sculpteur Paul Dardé, un Lodévois, les conditions dans lesquelles se ferait l'érection de ce monument. Il consiste en une stèle monumentale, en pierre de Lens, des carrières de Fons (Gard). La face avant représente, sculpté dans la pierre, un poilu étendu à terre, auprès duquel une femme en deuil, une Soubésienne, pleure. Dans l'arrière-plan se dessine vaguement la silhouette du clocher de Soubès, se projetant dans l'horizon. Les deux faces latérales portent, gravés dans la pierre, les noms des enfants de Soubès morts pour la France. La quatrième face, vers Soubès, comporte des insignes militaires, enveloppés dans les plis d'un drapeau. Le tout, de style grec, est surmonté d'une croix et entouré d'une grille. L'achèvement doit avoir lieu de manière à permettre l'inauguration le 31 août 1919. Ce monument est construit en face de la nouvelle entrée du cimetière, sur les rochers de tuf qui se dressent en vue de Soubès, entre la route de Lodève et celle de Pégairolles. Cet emplacement semble mettre d'accord ceux qui le voulaient dans le cimetière et ceux qui le voulaient sur une place publique. En tout cas, il conservera au monument son caractère vrai de pieux souvenir. Il est assez en vue pour être une continuelle leçon à tout le monde, et il est assez retiré pour que les parents et amis des chers disparus n'y soient pas gênés dans les manifestations de leur douleur et de leur piété.

VIE RELIGIEUSE

L'église. — L'église paroissiale de Soubès s'élève au pied des restes de l'ancien château, dont la tour encore debout la dépasse en hauteur. Sans style proprement dit, elle a peu d'apparence extérieure, et une bâtisse qui s'appuie sur un de ses côtés lui donne un aspect plutôt massif. Le clocher, carré, que surmonte peu harmonieusement la sonnerie de l'horloge, contient trois cloches qui, ébranlées ensemble, forment un joli carillon. D'abord sous le vocable de sainte Marie-Madeleine, l'église est consacrée à saint Cyprien, depuis que la chapelle du cimetière n'est plus église paroissiale, et c'est la fête de ce saint (16 septembre) qui est la fête patronale de la paroisse et du village. L'intérieur de l'église, bien entretenu, contient de riches autels en marbre, de beaux candélabres et lustres, et des vitraux en couleurs qui ne sont pas sans valeur artistique. Les murs et la voûte ont été peints avec un goût et une profusion que quelques-uns ont pu critiquer, mais qui donnent néanmoins à l'édifice un aspect agréable au regard et propice au recueillement.

Le curé. — En août 1914, le curé de Soubès était M. l'abbé Louis Lavaysse. Il fut mobilisé le 6 août et affecté à la 16e section d'infirmiers militaires à Perpignan. Plus tard il est passé à l'hôpital de Bron, près de Lyon, d'où il a été démobilisé en janvier 1919. En son absence, il a continué, autant qu'il lui était possible, de s'occuper de sa paroisse. Chaque mois, dans son *Messager paroissial,* il consignait les nouvelles religieuses que lui communiquaient ses paroissiens restés à Soubès, et celles qu'il recevait du front par ses correspondances avec les soldats. Comme il l'a dit lui-même, le *Messager* et les *Échos de Soubès* ont travaillé côte à côte pour la glorification du village.

Les offices religieux. — L'absence du curé titulaire a bien gêné l'organisation du service paroissial, et plus d'une fois, même aux grandes fêtes, le village a été privé d'offices religieux, ce qui augmentait la tristesse du temps. Notons cependant que toutes les fois qu'il l'a pu, M. Lavaysse a profité de ses permissions pour venir à Soubès, raviver la vie paroissiale, honorer les morts et exhorter les vivants à la piété, au patriotisme et à la confiance. D'autre part, M. l'abbé Adrien Mas, curé de Saint-Étienne-de-Gourgas, a assuré de son mieux le service des deux paroisses. Son successeur, M. l'abbé Baldeyrou, a fait de même, jusqu'à ce qu'un accident et ensuite sa mobilisation l'en aient empêché au moins partiellement. C'est alors M. l'abbé Toustous, prêtre mobilisé à l'hôpital nº 25 à Lodève, qui s'en est chargé. De tous les trois, les paroissiens de Soubès conservent le meilleur souvenir reconnaissant.

Instruction religieuse. — Le manque de curé a été surtout préjudiciable à l'instruction religieuse des enfants en âge de se préparer à la première communion. Les parents ont dû s'en occuper un peu plus activement et quelques dames catéchistes de bonne volonté ont aussi aidé. A noter ici le rôle bienfaisant de Mlle Alida Barrière, institutrice libre, qui s'est dévouée non seulement pour ses élèves, mais encore pour organiser des réunions et des cérémonies à l'église. Pendant les quatre années de guerre, il n'y a eu qu'une seule cérémonie solennelle de première communion, en 1918.

Le « Messager paroissial ». — Pour de plus amples détails sur la vie religieuse, consulter le *Messager paroissial* dont la collection, digne d'être conservée, contient d'intéressants documents.

VIE ECONOMIQUE

Travaux agricoles. — Pendant toute la durée de la guerre, la question des travaux agricoles fut une des plus inquiétantes dans les familles des mobilisés. Dans la plupart des cas elle s'est pourtant résolue mieux qu'on aurait osé l'espérer, et cela grâce au courage des vieillards, des femmes et des enfants, qui, en cela, ont, eux aussi, bien mérité de la patrie.

Au labeur chacun peine et sait avec courage
Supporter la fatigue et la chaleur du jour ;
Et tous ces faibles bras apportent à l'ouvrage
La force de l'amour.

Tandis que par leurs soins vont prospérer les vignes,
Et de riches moissons se couvrir tous nos champs,
Ces femmes, ces vieillards, ces enfants sont bien dignes
De nos héros absents.

Au commencement du mois d'août 1914, les propriétaires, tout entiers aux émotions et aux soucis de la mobilisation, négligèrent un peu les travaux de la campagne, et quelques attaques de mildiou et d'oïdium compromirent la récolte, qui néanmoins fut au-dessus de la moyenne. C'est surtout pour les vendanges qu'on prévoyait des difficultés énormes après la réquisition des chevaux et les départs successifs des mobilisés. Par esprit de solidarité autant que par intérêt bien compris, on s'aida mutuellement, et chaque année les vendanges se firent aux époques voulues, d'ailleurs favorisées par un temps propice. Si les *colles* de vendangeurs étaient moins nombreuses et surtout moins gaies, il était à la fois curieux et émouvant de voir comme tout s'y passait en famille, la nécessité obligeant les porteurs à aider les coupeuses, et celles-ci à aider les porteurs ! Et avec quel sérieux les enfants faisaient claquer le fouet derrière les charrettes, ou, les jambes nues, foulaient le raisin dans les cuves !

A partir de 1915, des permissions spéciales de vendanges furent accordées aux mobilisés des vieilles classes, et, sur demande, des soldats furent envoyés par les dépôts.

Les travaux d'hiver et de printemps furent les plus pénibles à réaliser, surtout à cause du manque de main-d'œuvre. Une dizaine d'attelages manquaient par suite de la réquisition, et d'autres se trouvaient inutilisables par suite de la mobilisation des propriétaires. Les laboureurs ne pouvaient donc suffire à toutes les demandes, et l'on dut bien des fois se résoudre à ne donner à la propriété que les œuvres les plus indispensables, pour la maintenir en production moyenne sans trop chercher à l'améliorer. On s'appliqua surtout à faire en temps opportun les traitements anticryptogamiques. En 1915 et en 1917, la vigne est ravagée par le mildiou. En 1916, c'est la sécheresse qui compromet la récolte. En 1918, la récolte a été relativement bonne. Voici un tableau indiquant les déclarations de récoltes pour les trois années d'avant-guerre et les quatre années de guerre.

	Années						
	1912	1913	1914	1915	1916	1917	1918
Hectolitres.	7.178	8.028	9.055	3.891	6.221	4.650	6.726

A partir de 1915, l'intendance militaire réquisitionnait une partie de la récolte : un quart en 1915, un sixième en 1916, un tiers en 1917 et en 1918.

Les prix du vin, tombés à 10 francs après la mobilisation, sont remontés progressivement à 40 francs en octobre 1915, à 70 francs en juin 1916, à 80 francs en juin 1917, à 95 francs en octobre 1917, à 85 francs en juin 1918.

La population ne s'est pas bornée à maintenir la vigne en état de production ; elle a compris qu'il était de son intérêt de demander à la terre le plus possible en ces temps où les difficultés des transports et la nécessité d'approvisionner les villes livreraient les campagnes à leurs propres moyens. Aussi s'est-on appliqué plus que jamais à la culture des pommes de terre et des légumes. Suivant en cela les directions officielles, les institutrices et les instituteurs ont recommandé aux enfants de s'adonner activement aux soins du jardin de famille. Les résultats constatés ont été aussi satisfaisants que possible et pour tous d'une utilité plus pratique que les jardins scolaires organisés dans d'autres écoles.

La récolte des cerises a donné peu de profit pendant ces quatre années, soit à cause des difficultés d'expédition, soit en raison des prix peu rémunérateurs, étant donné que le manque de main-d'œuvre pour les cueillir en augmentait le prix de revient. De la sorte il en a péri beaucoup sur les arbres. Toutefois, pendant les années 1916, 1917 et 1918, quelques expéditions ont pu se faire à des prix qui ont suivi le mouvement de hausse générale, allant de 25 francs à 60 francs et 80 francs.

Sauf pendant l'année 1917, les autres fruits ont été peu abondants. Pour les olives, la récolte a été excellente en 1915, moyenne les autres années. Pendant ces quatre années, il n'y a presque pas eu d'amandes.

Approvisionnement. — Malgré des craintes parfois exagérées, les denrées de première nécessité n'ont réellement jamais manqué à Soubès, et, s'il n'était pas toujours facile de s'en procurer à discrétion, du moins on finissait toujours par en trouver avec du temps, des amis et de l'argent.

Pendant toute la guerre, le chocolat et le sucre ont été rares. Pour ce dernier, le Comité de ravitaillement a fait une distribution en janvier 1917, et, à partir de cette date, la carte de sucre en a attribué à chacun 750 grammes par mois. Cette ration diminua jusqu'à 250 grammes en 1918, pour revenir à 750 grammes en 1919, avec supplément de 250 grammes pour les jeunes enfants, les malades et les vieillards.

Les légumes secs étaient aussi très rares et très chers, et les pâtes alimentaires étaient introuvables en 1917. En 1918, le Comité de ravitaillement a distribué 900 kilos de riz, 300 kilos de lentilles et 15.000 kilos de pommes de terre, le tout à environ moitié prix du commerce.

La pénurie de pétrole pendant l'hiver 1917-1918 obligea plus d'un habitant à s'éclairer à la bougie ou à la lampe à huile.

Faut-il parler de la crise du tabac qui en 1917, 1918 et surtout 1919, obligea nos fumeurs ou à s'imposer de dures restrictions, ou à fumer des feuilles quelconques? Heureux celui qui pouvait en atténuer la rigueur, en utilisant ses bonnes relations soit avec les poilus, soit avec les buralistes, soit surtout avec les garçons de café toujours bien pourvus !

A la crise du tabac s'est jointe parfois la crise des allumettes, que conjurait un peu l'abondante variété des briquets venus du front ou d'ailleurs.

La plus importante crise a été celle du pain qui, heureusement pour Soubès, s'est limitée à la mauvaise qualité, la quantité en étant assurée par le fonctionnement du four municipal, sous la direction du Comité de ravitaillement. Pendant l'année 1917 et une partie de 1918, les farines panifiables étaient un mélange de diverses céréales de valeur nutritive incontestable, mais donnant au pain un aspect et parfois un goût peu appétissants. La carte d'alimentation qui, pour toute la France, fixait les rations journalières à 500 grammes au maximum, n'a jamais été en usage à Soubès où il y a eu toujours du pain à discrétion.

A signaler aussi combien il fut difficile de s'approvisionner en avoine et en fourrage pour les chevaux. Par l'intermédiaire de la Confédération des Vignerons, il fut possible en 1918 et 1919 de faire quelques petites distributions sans lesquelles la cavalerie agricole aurait beaucoup souffert.

La fourniture des produits anticryptogamiques fut assurée par l'intermédiaire de la mairie qui centralisait les commandes au début de la campagne. Les attributions se faisaient ordinairement par tiers ou par quarts. Les prix aux 100 kilos étaient de 70 à 75 francs pour le soufre et de 195 à 200 francs pour le sulfate.

La vie chère. — La peur de manquer de certaines denrées, plutôt que leur rareté elle-même, fut une des principales causes de leur renchérissement. Le consommateur voulut entasser pour ne manquer de rien; le commerçant voulut accaparer pour satisfaire sa clientèle. Et il majora ses prix parce que cette clientèle, pour être servie sûrement, offrait d'elle-même ou acceptait sans récriminations sérieuses cette majoration.

Voici un exemple. Un charretier apporte du Plateau des pommes de terre qui lui coûtent 30 francs. Dès son arrivée à Soubès, la population, qui est dépourvue, se précipite sur le chargement. Encouragé, le charretier demande 45 francs de ses pommes de terre, qui sont enlevées en un clin d'œil. Il revient bientôt avec un autre chargement; mais cette fois c'est à 50 francs; une troisième fois ce sera 55 francs, et ainsi de suite. Il fait un bénéfice scandaleux, mais à qui la faute?

Pour bien des choses, la cherté a commencé pareillement, et s'est aggravée au fur et à mesure que les *demandes* devenaient plus nombreuses et plus pressantes que les *offres*. Et l'on a vu pendant la guerre cette chose étrange, le client supplier humblement le commerçant et celui-ci devenir une sorte de personnage important, parfois tyrannique, dont il était aussi désastreux d'encourir la disgrâce qu'il était avantageux de mériter les faveurs.

Mais, pour être exact, il faut dire que la cherté de la vie a eu d'autres causes. Certaines denrées sont devenues plus rares et leur prix de revient s'est accru des difficultés de fabrication et de transport.

Les denrées renchérissant, il fallait aussi que les salaires et les traitements augmentassent dans les mêmes proportions. L'ouvrier et l'employé sont devenus d'autant plus exigeants qu'ils se sentaient plus indispensables. L'ouvrier agricole gagnait 10 francs en 1918 au lieu de 5 francs en 1914. Pendant les vendanges il a gagné jusqu'à 15 francs et 2 litres de vin. Un laboureur gagnait de 25 à 30 francs. Après cela on comprend que le vigneron devait vendre son vin un bon prix pour compenser la cherté des engrais, du soufre, du sulfate et du travail.

Ceux qui ont le plus souffert de la cherté de la vie sont : le citadin plus que le paysan ; l'employé, le fonctionnaire surtout, le petit retraité, plus que l'ouvrier ; le vigneron plus que le cultivateur ; le petit rentier plus que le propriétaire ; le propriétaire plus que le fermier. D'aucuns prétendent que certains en ont profité...

Voici un tableau donnant une idée de l'augmentation des denrées pendant la guerre.

DENRÉES	ANNÉES			
	1914	1916	1917	1918
Pain, le kilo	0f 40	0f 50	0f 55	0f 60
Filet de bœuf, le kilo	4 »	6 »	8 »	10 »
Côtelette de mouton, la pièce	0 35	0 80	1 45	1 50
Graisse de porc, le kilo	1 50	4 »	6 »	10 »
Confitures, le kilo	2 75	3 80	4 50	9 »
Vinaigre de vin, le litre	0 50	1 30	2 50	3 »
Haricots de Soissons, le kilo	0 60	2 »	2 50	4 »
Pommes de terre, le kilo	0 10	0 35	0 65	1 10
Riz, le kilo	0 60	0 65	1 50	3 »
Œufs frais, la pièce	0 10	0 35	0 50	0 60
Sucre, le kilo	0 70	1 60	1 80	2 10
Sel de cuisine, le kilo	0 25	0 45	0 50	0 50
Bougies, le kilo	0 90	2 20	2 90	4 »
Pétrole, le litre	0 30	0 70	0 80	0 90

VIE SCOLAIRE

Les écoles. — Les enfants de Soubès sont répartis en trois écoles. L'école communale de filles, dirigée par Mme Gros, née Aurélie Gay, est située sur la rue de la Coural, à l'entrée du village. Bâtie en 1892, elle est d'aspect agréable, avec portail en fer, grille, parterre à fleurs, cour et préau couvert. L'école libre de filles, que dirigeait Mlle Alida Barrière, décédée le 10 octobre 1918, est située sur la rue dite de la Ville. L'école communale de garçons est installée à la mairie, sur la place du Terral. Elle n'a ni cour spéciale, ni préau, ni cabinets. La salle de classe est vaste, bien éclairée, mais munie de tables incommodes de modèle ancien et de cartes en loques. Les appartements de l'instituteur comprennent deux pièces au rez-de-chaussée, contiguës à l'école, et deux pièces au premier étage, contiguës à la salle de mairie, sans une communication directe qui les rendrait plus commodes.

Fréquentation scolaire. — Ayant gardé les mêmes maîtresses et le même maître, les écoles ont pu fonctionner normalement pendant toute la guerre. Cependant, bon nombre d'élèves retenus par les travaux des vendanges ne sont rentrés que vers le 15 octobre. De cette époque à fin mars la fréquentation a été très régulière. Mais les appels successifs des hommes mobilisables ont obligé les grands élèves à de fréquentes absences motivées par les travaux des champs, la récolte des fruits, les sulfatages et les soufrages des vignes. D'autre part, beaucoup des élèves ayant obtenu le certificat d'études ont quitté l'école plus tôt qu'ils ne l'auraient fait en temps normal.

Disons en passant que les enfants, en ces temps de guerre, ont tenu à honneur d'être des hommes avant l'âge. Délaissant les jeux, ils se sont efforcés avec un courage admirable de remplacer les papas et les grands frères absents dans les pénibles travaux de la campagne. Comme leurs aînés sur le front, comme leurs vaillantes mères, ils ont, eux aussi, bien mérité de la patrie.

Exercices scolaires. — La pensée de la guerre, qui hantait en tout et partout les esprits, devait déteindre sur la vie scolaire, en couleurs sagement nuancées de patriotisme angoissé, d'invincibles espoirs, d'enthousiastes admirations, de généreux attendrissements. Et de fait, au lieu de transformer cette pensée en une obsession énervante et déprimante pour les enfants, on s'est efforcé de l'administrer pour ainsi dire à doses régulières et bien appropriées aux circonstances.

Une fois par semaine au moins, la leçon de morale avait pour sujet le patriotisme et ses manifestations, l'héroïsme de nos soldats, les œuvres de solidarité, etc.

Les récits des faits militaires, les lettres de nos combattants, les belles pages inspirées à nos écrivains par les circonstances, formaient des lectures à la fois captivantes et instructives. Nous empruntions aux poètes de la guerre nos morceaux de récitation, et les exercices de chant ont porté successivement sur les divers hymnes nationaux et les marches militaires.

Les citations à l'ordre du jour, les paroles historiques, les maximes patriotiques, fournissaient des textes d'écriture que parfois l'on s'exerçait à illustrer de trophées guerriers, de drapeaux, d'encadrements où les couleurs nationales se mêlaient avec goût aux tons variés des plantes, des fleurs et des fruits. Quant aux exercices de rédaction, les sujets abondaient, et jamais les élèves n'ont fait preuve de plus d'application et aussi de plus d'aptitudes à rédiger un récit héroïque ou une lettre aux combattants. La leçon d'histoire nous amenait souvent à faire une comparaison avec les temps actuels. La géographie a pris, avec la guerre, une telle actualité qu'il n'est pas un élève qui n'ait voulu paraître bien renseigné sur les divers théâtres des opérations militaires, la force respective des belligérants, la situation et l'importance des villes ou régions occupées ou menacées.

Succès scolaires. — Contrairement à ce qu'on aurait pu craindre, les résultats des études ont été aussi satisfaisants que de coutume. Malgré les angoisses, les préoccupations, les dérangements occasionnés par la guerre, à la fin de chaque année scolaire, on a eu le plaisir de voir un certain nombre d'élèves réussir brillamment aux examens. Comme leurs papas et leurs aînés sur le front, ils ont fait bravement leur devoir de petits Français, et leurs noms méritent aussi de prendre place au tableau d'honneur de Soubès. En 1914, ont obtenu le certificat d'études : deux filles : Élise Trahine, Marie Peyaud; trois garçons : Caramel Gabriel, Clapier Paul, Gros Raoul.

En 1915, quatre filles : Roger Madeleine, Roume Émilie, Hugounenq Lucie, Galibert Madeleine ; cinq garçons : Albaret Joseph, Christol Joseph, Guiraudon Joseph, Février Louis, Minhonnac François.

En 1916, six filles : Salles Marguerite, Bonnel Émilie, Derdrevet Marie, Bellet Fernande, Messine Rose, Caisso Lucienne ; quatre garçons : Andrieux Albert, Camillière Aimé, Poujol Edmond, Rodier Jean.

En 1917, le 21 mai, à Montpellier, le jeune Albaret Joseph était reçu quatrième au concours départemental pour l'obtention des bourses d'enseignement primaire supérieur. Entré en octobre de la même année à l'École Michelet, à Montpellier, il arrivait premier de sa classe en fin d'année scolaire.

En 1918, trois garçons : Trahine Maximin, avec la mention *bien,* Vailhé Louis et Truchard Roger, tous deux avec la mention *assez bien*. De plus, l'élève Trahine Maximin s'est classé *premier* des deux cantons de Lodève et du Caylar, et a reçu en récompense, de M. l'inspecteur, un bon de la Défense nationale de 5 francs.

En 1919, le 3 avril, à Montpellier, le jeune Georges Sauzet, bien que n'ayant pas encore douze ans, a brillamment réussi au concours national pour l'obtention des bourses d'enseignement secondaire dans les lycées et collèges.

École des vacances. — Comme il a été dit plus haut, dès la mobilisation, Mme l'institutrice et l'instituteur se sont concertés pour surveiller à tour de rôle leurs élèves, garçons et filles, réunis à l'école des filles. Les enfants faisaient leurs devoirs de vacances. La fréquentation, assez nombreuse et assez régulière les premiers jours, s'est ralentie peu à peu. Les parents ont préféré occuper chez eux ou aux champs les enfants, les garçons surtout que leur âge pouvait rendre utiles. D'autre part, l'école libre maternelle recevant la presque totalité des jeunes enfants, les présences régulières ont été réduites à une demi-douzaine. Étant donnée cette constatation, l'École des vacances n'a plus fonctionné à partir de 1915.

Cours d'adultes. — Déférant aux désirs de M. le ministre de l'Instruction publique et de M. l'inspecteur d'Académie, l'institutrice et l'instituteur annonçaient, au début de novembre, l'ouverture des cours d'adultes par une affiche conçue à peu près en ces termes :

La mobilisation a fait de nombreux vides dans les foyers. Les soirées d'hiver y seront tristes et monotones, privées des chers absents dont il ne restera que le souvenir et les lettres pour alimenter les conversations. Votre institutrice et votre instituteur voudraient s'associer à votre sollicitude, partager et adoucir vos angoisses, soutenir vos espérances, exalter votre patriotisme. C'est pourquoi ils vous convient aux réunions qui, cette année, remplaceront les cours d'adultes dans vos écoles. Devant les vieillards, les adolescents, les femmes, les sœurs, les fiancées, nous parlerons de nos soldats, nous commenterons les nouvelles, nous expliquerons les événements, nous lirons les belles pages inspirées à nos écrivains par les faits glorieux de notre histoire passée ou présente.

Ainsi sur les bancs de cette même école où nos héroïques défenseurs ont appris à connaître et à aimer la Patrie, leur souvenir ne nous quittera pas. Mais parler ne suffit pas. A l'école des filles, tandis que les esprits, attentifs à une lecture ou à une causerie patriotique, seront tournés vers la frontière, les mains travailleront pour ceux qui la défendent.

Ces réunions étaient fixées aux lundi et jeudi de chaque semaine, à 7h 30 du soir. A l'école des filles, les plus grandes élèves et les anciennes, sans distinction d'école, vinrent, en grand nombre, tricoter des vêtements d'hiver ou coudre pour les hôpitaux. Cet ouvroir fonctionna tout l'hiver 1914-1915. A l'école des garçons, à peu près tous les hommes non encore mobilisés assistèrent à des causeries faites par l'instituteur. Les auditeurs, au nombre parfois d'une centaine, écoutaient avec une attention si bienveillante et pour ainsi dire si religieuse qu'on se serait cru dans une église. Ordinairement la causerie était coupée d'un petit repos pendant lequel les conversations revêtaient un caractère de touchante intimité familiale, ou bien les enfants de l'école exécutaient quelque chant patriotique. Voici le titre de quelques-unes de ces causeries : *La Guerre, autrefois et aujourd'hui; L'Armée française, autrefois et aujourd'hui, les armements; Aperçu historique et géographique sur la Prusse et l'Allemagne; La Guerre actuelle, ses causes; Le Théâtre de la guerre : aperçu historique et géographique; Résumé des opérations depuis le début; Étude critique des événements; Lecture d'extraits du rapport sur les atrocités allemandes; Le Livre blanc : documents diplomatiques. Impressions d'un réfugié de Soissons* (M. Rozier). *Les villes martyres : Louvain, Reims, Senlis. Diverses lectures et articles de journaux d'actualité*, etc.

Œuvres de guerre organisées à l'école des garçons. — 1° *Noël aux soldats.* — Pour la Noël de 1914, une quête fut faite parmi les élèves, et le produit fut affecté à l'achat de douceurs aux combattants.

2° *Le Sou du soldat, pour envoyer un cadeau de Noël aux poilus de Soubès.* — Sous ce titre, à la rentrée des classes en 1915, les élèves, sous la direction du maître, organisèrent une sorte d'association dans le but de recueillir les fonds nécessaires à l'envoi d'un colis de Noël à tous les mobilisés de Soubès. Chaque élève promettait de se priver de quelques friandises ou jouets et de prélever, sur son menu prêt du dimanche, au moins *un sou* qui était remis le lundi matin entre les mains du maître. Celui-ci en tenait compte sur un tableau affiché en classe. Chaque élève s'engageait aussi à solliciter autour de lui des versements de membres donateurs (50 centimes). En vue de grossir les recettes, on prépara une séance patriotique pour le 19 décembre 1915. Dans une grande salle prêtée gracieusement, sans autre décor que des drapeaux alliés, sans autre costume qu'un béret tricolore (souvenir de la séance de gymnastique du 14 juillet 1914), les élèves interprétèrent une sorte de Revue de la guerre, composée pour la circonstance par l'instituteur et intitulée : *La Grande Guerre mimée et chantée par nos petits*. Mettant à profit ce qui, depuis plus d'un an, avait été appris pendant les leçons réglementaires de gymnastique et de chant, les élèves purent, pour ainsi dire sans autre préparation, exécuter des mouvements et des défilés, faire entendre des chants patriotiques qui, intercalés et sertis dans la Revue, produisirent le meilleur effet sur les parents et le nombreux public, dont la générosité, déjà si souvent sollicitée, permit cependant de réaliser une fructueuse recette. Quelques jours plus tard, les grandes demoiselles du village préparaient, arrangeaient, ficelaient avec grâce et amabilité les colis destinés aux poilus de Soubès. Chaque colis contenait : une plaque de chocolat, un paquet de cartes-lettres, un crayon-encre, quatre gros cigares, deux carnets de papier à cigarettes, un peigne à moustache dans un étui, une petite glace-pochette, deux pelottes de fil, six aiguilles, six épingles de sûreté, une savonnette.

3° *Le Sou de l'orphelin de la guerre, pour réunir la cotisation de membre fondateur de l'Œuvre méridionale des orphelins de la guerre.* — A la rentrée des classes de 1916, le *Sou du soldat* conserva son organisation, mais changea de nom et de but. Il devint le *Sou de l'orphelin* et eut pour but de recueillir la cotisation de 200 francs nécessaire pour faire inscrire l'école comme membre fondateur de l'Œuvre méridionale des orphelins de la guerre. Comme pour le Sou du soldat en 1915, le Sou de l'orphelin en 1916 trouva ses ressources non seulement dans la quête hebdomadaire faite en classe chaque lundi, mais surtout dans la recette d'une séance patriotique donnée par les élèves le 3 décembre 1916, avec le concours des blessés de l'hôpital n° 25 à Lodève. Grâce à la générosité des commerçants de Soubès et de Lodève qui donnèrent de nombreux et magnifiques lots pour la tombola ; grâce à la quête fructueuse faite dans la salle par de charmantes quêteuses que conduisaient de glorieux blessés, la recette fut amplement suffisante pour que, quelques jours plus tard, M. Flahaut, président, pût envoyer à l'école de garçons de Soubès la carte de membre fondateur de l'Œuvre méridionale des orphelins de la guerre. Cette œuvre, dont l'instituteur était le délégué dans la commune, a assisté jusqu'en 1919 deux familles d'orphelins dans le village, par une allocation mensuelle de 8 francs.

Le 3 février 1918, à l'occasion d'une conférence de propagande donnée par l'instituteur, une quête et une tombola au profit des orphelins de la guerre permirent de recueillir la somme de 100 francs qui fut affectée à la même œuvre.

4° *Conférences de propagande en 1917-1918.* — Chargé par l'Administration de donner quelques conférences de propagande patriotique, j'ai visité Poujols, Pégairolles, Saint-Étienne-de-Gourgas, Saint-Michel, La Vacquerie, Saint-Pierre-de-la-Fage. Ma septième conférence a été pour les Soubésiens. Le 3 février 1918, toute la population se trouvait réunie dans la même grande salle. M. Signoret, inspecteur primaire de Lodève, présidait, entouré de la municipalité et de plusieurs institutrices et instituteurs des environs. Les élèves de l'école des garçons ont exécuté quelques chants et récité quelques poésies d'actualité qui ont vivement intéressé l'assistance. L'entrée était gratuite, mais la vente des billets de loterie et la quête ont produit plus de 100 francs au profit des orphelins de la guerre. La conférence, qui a duré plus d'une heure, a été écoutée avec une sympathique attention. Elle peut se résumer ainsi : *La propagande allemande, les mensonges allemands, la paix allemande.* Elle s'est terminée par quelques conseils pratiques sur la manière dont l'armée de l'arrière devait aider l'armée du front à obtenir la paix par la victoire : *réfléchir, tenir, agir, s'unir.*

5° *Les Échos de Soubès, lettre-journal, envoyée tous les deux mois aux mobilisés de la commune* (Voir ci-après la notice et la collection des vingt-trois numéros parus).

L'École de Soubès à l'Exposition *« L'École et la Guerre », organisée par la Ligue de l'Enseignement, à Paris, du 6 au 20 mai 1917.* — A cette occasion, M. Signoret, inspecteur primaire à Lodève, adressa à l'instituteur la lettre suivante :

« J'ai examiné avec le plus grand intérêt les documents que vous m'avez apportés pour l'exposition *L'École et la Guerre* organisée par la Ligue française de l'Enseignement, du 6 au 20 mai prochain. Je vous félicite pour la manière absolument remarquable dont vous avez compris votre devoir pendant la guerre. Vous avez fait ce que j'aurais voulu voir faire à tous vos collègues non mobilisés. Puisqu'il ne vous était pas permis d'aller combattre aux côtés de nos héroïques « Poilus », vous avez tenu à leur consacrer tout votre temps et tout votre cœur. Vous avez su leur procurer un moment de répit, au milieu des souffrances sacrées et joyeusement consenties qu'ils endurent pour nous ; tous les deux mois, vous avez fait revivre, dans leur esprit, trop longtemps tendu par le danger continuel, l'image de leur village, de leurs parents, de leurs amis... Vous leur avez apporté, grâce à votre *Sou du soldat*, un peu de bien-être au moment de Noël. Vous avez ensuite pensé aux orphelins, et, dans votre modeste village, vous êtes parvenu, grâce à votre ingéniosité, à réunir les fonds nécessaires pour que votre école puisse être inscrite en qualité de membre fondateur de l'Œuvre méridionale des orphelins de la guerre.

« Vous avez eu, enfin, l'heureuse idée d'associer vos élèves à toutes vos initiatives : c'est la meilleure leçon de patriotisme et de bonté que vous ayez pu leur donner. Vous avez bien mérité de nos braves soldats de Soubès et de la Patrie. Je suis heureux de pouvoir vous adresser mes plus chaleureuses félicitations.

« *L'Inspecteur primaire,*
« SIGNORET. »

On trouvera plus loin, aux Échos de Soubès, le rapport non moins élogieux de M. l'inspecteur primaire de la Seine, publié dans la grande Revue universitaire : *La Revue Pédagogique*, octobre 1918, page 369.

II

LES ÉCHOS DE SOUBES

LETTRE-JOURNAL ENVOYÉE TOUS LES DEUX MOIS AUX MOBILISÉS DE LA COMMUNE

Collection des vingt-trois numéros parus du 25 décembre 1914 au 12 novembre 1918.

Leur but. — La petite commune de Soubès comptait plus de cent mobilisés. Pour les tenir au courant de ce qui se passait au village; pour créer entre eux et leur petite patrie un trait d'union périodique; pour maintenir entre les jeunes écoliers et leurs aînés qui combattaient des relations amicales, intéressantes et éminemment morales et instructives, l'instituteur fonda *Les Échos de Soubès,* sorte de lettre-journal envoyée à tous les mobilisés de la commune. Ces *Échos* apportaient tous les deux mois aux soldats de Soubès les nouvelles intéressantes du pays, les marques d'affection et les encouragements des compatriotes. Rédigés par le maître, ils étaient ensuite transcrits en nombre suffisant par les élèves, qui s'imposaient volontiers cet énorme travail et y trouvaient un réel profit tant au point de vue instructif qu'au point de vue moral. En dernier lieu, le nombre des mobilisés grandissant, tandis que diminuait le nombre des grands élèves de la classe, le tirage des *Échos* se fit à la polycopie.

Ce qu'en pensent : 1° *Les Poilus.* — Attendus avec impatience, les *Échos* étaient reçus avec la plus vive satisfaction et lus avec avidité par les Soubésiens et très souvent avec intérêt par des camarades qui se les passaient de main en main. Les centaines de lettres reçues en réponse forment une précieuse collection et leur lecture en classe était à la fois une récompense et une très intéressante et très utile leçon pour les élèves. Il serait trop long de citer ici, même en résumé, les passages de ces lettres disant la joie, le réconfort, l'encouragement que cette chère feuille apportait aux combattants. Voici simplement ce qu'en disait G. F., un mois avant sa mort au champ d'honneur sur le front de Salonique : « C'est pour moi un pur réconfort de pouvoir lire ces chères pages à des milliers de kilomètres de la mère patrie. On les savoure avec joie, plaisir, ivresse... »

2° M. Marchand, *inspecteur d'Académie de Montpellier*. — « J'ai lu avec un vif intérêt les numéros des *Échos de Soubès* que vous avez bien voulu me communiquer. C'est vraiment une idée charmante et excellente que vous avez eue d'envoyer ainsi périodiquement à vos compatriotes sur le front, un écho vivant de tout ce qui se passe dans le village, et, avec vos félicitations et vos encouragements, comme un souffle de l'air natal. Je ne suis pas étonné que ce journal soit attendu avec impatience et lu avec avidité. De pareilles initiatives font honneur au corps enseignant. Je ne saurais trop en féliciter et en remercier les auteurs. Vous rassemblez, grâce à cette correspondance, des documents précieux pour l'histoire de la guerre vue de l'*arrière,* et peut-être devrai-je plus tard vous en demander communication.

« Signé : Marchand. »

3° M. Dussuel, *inspecteur primaire*. — « Je signale comme une idée ingénieuse et des plus heureuses, la création des *Échos de Soubès,* rédigés par le maître et les élèves et qui, tous les deux mois, apportent aux soldats de Soubès les nouvelles intéressantes de la commune. » (*Rapport du 24 juillet 1916*.)

4° M. G. L., *président du Comité de ravitaillement parlant au nom de la population*. — « Les militaires sur le front savent gré à M. Sauzet, au point de vue matériel, des colis que son dévouement ingénieux a trouvé moyen de leur envoyer, et, au point de vue moral, de la publication régulière qu'il a créée à leur intention, *Les Échos de Soubès,* chère feuille familiale qui assure leur liaison avec la petite patrie, pendant qu'eux se sacrifient pour la grande. » (*Pétition du 2 août 1916*.)

5° M. André, *inspecteur de l'Enseignement de la Seine.* — « J'ai lu attentivement et avec un vif intérêt vos *Échos de Soubès* que j'avais remarqués à l'Exposition de l'École et la Guerre. L'idée qui vous a inspiré la création de ces *Échos* vous fait grand honneur. Sous une forme originale et vraiment charmante, vous avez réussi à faire œuvre féconde, et votre initiative mérite d'être mise en relief parmi les multiples œuvres scolaires de guerre dues au corps enseignant. Vous avez servi très efficacement la cause sacrée pour laquelle tant de généreux sacrifices ont été consentis. Je suis heureux de joindre mes chaleureuses félicitations à celles de vos chefs... Je me propose de réunir en un volume les renseignements les plus intéressants que j'ai recueillis sur l'École et ses œuvres de guerre, et je désire consacrer à vos *Échos de Soubès* une page de cet ouvrage.

« Signé : André,

« *Inspecteur de l'Enseignement primaire de la Seine.* »

« Les Échos de Soubès » à l'Exposition. « *L'École et la Guerre* », *organisée à Paris du 6 au 20 mai 1917*. Du compte rendu officiel, publié dans la *Revue Pédagogique* d'octobre 1917, nous lisons ce qui suit : « Ce n'est pas à Soubès, petite commune de l'Hérault, que la loi sur l'obligation scolaire a été méconnue. Elle compte près de cent mobilisés qui, possédant une instruction primaire suffisante, sont en mesure de lire le journal manuscrit dû à la curieuse initiative de l'instituteur. En vue de les tenir au courant de ce qui se passe au village, établir entre eux et leur petite patrie des rapports périodiques, entre les jeunes écoliers et les combattants leurs aînés des relations éminemment morales, l'instituteur a fondé *Les Échos de Soubès*. C'est une sorte de lettre-journal, envoyée périodiquement à tous les mobilisés de la commune. Rédigés par le maître, transcrits en nombre suffisant par les élèves sur quatre grandes pages format ministre, les *Échos* apportent tous les deux mois aux soldats de Soubès, la chronique de la localité. Ce journal, animé du souffle de l'air natal, est attendu avec impatience, lu avec avidité. Un soldat de Soubès répondait, un mois avant sa mort, du front de Salonique : « C'est pour moi un « réconfort, de lire ces chères pages, à des milliers de kilomè- « tres de la mère patrie. Je les savoure avec joie, avec « ivresse. »

« La lettre bi-mensuelle de l'instituteur de Soubès est franchement amicale, avec une pointe de poésie : « Chers amis, « à mesure que la guerre se prolonge et que le devoir patrio- « tique appelle d'autres Soubésiens à la défense de la patrie, « le nombre de nos *Échos* va toujours grandissant. Tel un vol « de quatre-vingts pigeons partis du clocher de Soubès, leurs « feuilles s'en vont vers nos combattants en Alsace, en Lor- « raine, en Champagne, en Flandre, en Belgique, en Serbie, « aux Dardanelles, portant dans leurs plis un peu de tous les « cœurs qui battent ici. Puissent-elles revenir bientôt avec « vous ! Quelques-unes seront peut-être ternies par vos doigts « noirs de poudre ; d'autres seront tachées de quelques gouttes « de sang ; d'autres enfin s'égareront dans le fracas des ba- « tailles. Mais peu importe leur sort à elles, pourvu qu'elles « aient rempli auprès de vous leur douce mission de messa- « gères de souvenir et d'amitié... » (*Échos*, n° 4, 20 juin 1915.)

« A la suite de la lettre sont insérés, dans la feuille, la liste des naissances et des décès, des renseignements sur l'état sanitaire de la localité, des nouvelles du temps et des travaux agricoles, les succès scolaires, les citations à l'ordre du jour... « Nous en sommes à la troisième citation, disent les « *Échos* du 20 octobre 1915. A qui le tour ? »

« La collection de ces feuilles mérite d'être conservée, comme exemple original de la contribution du village à la guerre et à l'état moral des troupes. »

(Lacabe-Plasteig, *inspecteur de l'Enseignement primaire, Revue Pédagogique,* n° 10, octobre 1917, p. 369.)

Échos de Soubès n° 1.

Soubès, le 20 décembre 1914.

Chers amis,

A vous qui défendez si vaillamment la France, notre patrie

à tous, cette lettre vient vous parler de notre petite patrie de Soubès, où vous avez laissé vos épouses, vos enfants, vos pères, vos mères, vos parents, vos amis. Elle vous apporte notre admiration pour l'œuvre de salut commun, à laquelle vous contribuez, notre invincible espérance en la victoire finale et nos meilleurs souhaits pour votre conservation et votre prompt retour. Elle vous dira qu'ici tout le monde est avec vous de pensée et de cœur. Puisse-t-elle vous trouver tous en bonne santé et en vous procurant un peu de joie, adoucir un moment vos dures épreuves.

Voici maintenant, sans ordre bien déterminé, quelques nouvelles du pays.

État civil. — *Naissances :* Girard (Marguerite-Marie) [14 octobre], fille de Girard (Augustin).

Décès : Milhau (Henri) [22 août], âgé de un mois et demi, fils de Milhau (Octave); Guibal (Marie), mère de Mme Portefaix (24 août); Guichard (Eugène) [20 septembre].

Actuellement, il n'y a aucun malade dans le village.

Commission d'approvisionnement. — Gros (Léopold), président; Roux, trésorier; Sauzet, secrétaire; Azémar (Paul), Végné (Jules), Babot (Maurice). Depuis la mobilisation elle a émis 2.200 francs de bons pour ravitailler la commune en pain dont la fabrication a été assurée par Vigné jusqu'à fin septembre, puis par Roume aidé par Ruddel (Arthur) et Ferrand (Jules). Le prix a été maintenu à 80 centimes les 2 kilos.

Temps. — Août chaud avec orages dont un a fait grossir énormément les rivières. Fin août et commencement septembre humide, fin septembre et première moitié octobre temps sec et chaud, très favorable à la maturité. Fin octobre très froid. Neige abondante au début de novembre, suivie de fortes pluies. Fin novembre temps doux.

Récoltes. — Vendanges du 10 septembre au 15 octobre, favorisées d'un temps splendide. On s'est aidé. Après vendanges, grandes pluies jusqu'à fin octobre. *Rendement,* 9.055 hectolitres contre 8.028 en 1913. *Stock,* 906 hectolitres contre 255 en 1913. Les plus forts déclarants sont : Caramel, 210 hectolitres; Gros (Léopold), 240; Guion, 300; Portefaix, 205; Rouvière, 200. Vente, de 10 à 13 francs. Vieux, de 15 à 17 francs. Grosse récolte de pommes, mais ne se conservent pas et se vendent peu. Olives lucques vendues 30 francs. Pommes de terre abondantes mais se gâtent.

Cours d'adultes. — A l'école des garçons le lundi et le jeudi à 7^h 30 une cinquantaine de jeunes gens et hommes non mobilisés assistent à des causeries ou lectures sur la guerre. Pendant ce temps, à l'école des filles, des femmes et jeunes filles tricotent pour les soldats.

Noël des soldats. — Les autres années vous donniez à vos enfants et à vos jeunes frères des cadeaux de Noël. Cette année, ce sont eux qui, avec leurs petites économies personnelles, et en se privant de quelques friandises, vous envoient leurs présents avec leurs meilleurs baisers. Dans les trois écoles, tous sans exception ont donné, et leurs cotisations volontaires ont produit la jolie somme de 42 francs qui vous parviendra sous forme de mignonnes cigarettes ou de succulents bonbons.

Pour les blessés. — Au commencement d'août, il a été recueilli dans le village 241 francs en argent par les jeunes filles quêteuses et pour 30 francs de tabac par les jeunes garçons. Une quête à l'église le jour de la Toussaint a produit 64^f05. En plus de ces offrandes, il a été porté à la Croix-Rouge de Lodève une assez grande quantité de linge, de chocolat, des confitures, des fruits, et dernièrement plusieurs barriques de vin vieux et vins fins, 500 litres.

Vêtements chauds aux combattants. — Une quête a réuni 131 francs, plus 44 couvertures et plusieurs caleçons et chaussettes. Dès la rentrée des classes, les fillettes de l'école ont confectionné à leurs frais des cache-nez. Au cours d'adultes et dans les veillées en famille on tricote pour le même but.

Vin aux combattants. — La commune a pris part à la souscription organisée dans le Midi viticole pour donner gratuitement du vin aux combattants. Chaque récoltant a offert environ *un pour cent* de sa récolte, quelques-uns plus, ce qui a produit un total de près de 90 hectolitres qui seront envoyés sur le front par le soin des intendances militaires.

Nos mobilisés. — Ils sont actuellement plus de 60.

Quelques-uns se battent depuis le début et d'autres attendent le moment de les rejoindre. Tous font bravement leur devoir. Leur nom est inscrit sur un tableau d'honneur des défenseurs de la Patrie, tenu soigneusement et conservé pieusement à la mairie. Une quarantaine sont actuellement sur le front. Frontin (Jules) est brancardier dans les Vosges. M. le curé est infirmier à Perpignan. Barrière (Paul) infirmier à Lodève. Guion (Paul), Cambon (Louis), Astruc (Adrien), ont été réformés au corps. Rouquet (Frédéric), malade, est retourné à Lunel. Pradel (Élie) est en convalescence chez lui. Birouste (Germain) est prisonnier en Allemagne, à Munster, en Westphalie. On est sans nouvelles de Pascalis (Jules) dont la mort officielle vient d'être annoncée.

Nos blessés. — Saluons avec respect le nom de nos compatriotes qui ont reçu de glorieuses blessures sur le champ de bataille. Barrière (Émile), blessé à Stenay (Meuse), le 25 août, d'un éclat d'obus à la cuisse gauche, est en bonne voie de guérison à l'hôpital de Lodève. Gendarme (Henri), gendre Taly, blessé le 24 septembre à Lihons, près Montdidier (Somme), d'une balle dans la cuisse, est presque rétabli à l'hôpital de Bordeaux. Trahine (Jules), blessé d'une balle au bras, soigné à Narbonne, est sur le point de retourner au feu. Grassy (Camille), ancien instituteur blessé au ventre et à la hanche d'un coup de crosse reçu à Altkirch (Alsace), est retourné au dépôt.

Morts au champ d'honneur. — Honneur à la mémoire des enfants de Soubès morts pour la Patrie !

Lavit (Joseph), blessé d'un éclat d'obus au combat de Saint-Mihiel le 27 septembre, est mort à l'hôpital de Romans (Drôme), le 12 octobre. Vellas (Noël), tué d'un éclat d'obus à Malancourt (Meurthe-et-Moselle), le 19 septembre. Truchard (Henri), blessé mortellement d'une balle dans les reins au combat d'Avrancourt, le 29 septembre. Méjanel (Raoul), mort des suites d'un éclat d'obus à l'hôpital de Montereau. Lieutenant Mazeran (Francis), tué le 19 août à Walscheid (Lorraine annexée). Caumeil (Cyprien), blessé le 26 septembre au combat de Saint-Mihiel, mort d'une infection tétanique à l'hôpital de Voiron (Isère). Caisso (Édouard), gendre Ferrand, tué au combat de Virginy (Marne), le 5 octobre. Fournier

(Henri), gendre Albaret, blessé mortellement à Vermelles (Pas-de-Calais), mort à Nœux-les-Mines le 26 octobre.

Service funèbre. — Le 3 novembre, M. le curé, venu en permission, a célébré, dans l'église de Soubès, un service solennel pour nos soldats morts à l'ennemi. Le maire, les conseillers non mobilisés et la Commission d'approvisionnement, y assistaient officiellement avec d'ailleurs la presque totalité de la population. L'église était ornée de drapeaux crêpés de noir et M. le curé a prononcé un fort beau discours tout vibrant d'émotion et de patriotisme. Malgré la pluie battante, un cortège s'est organisé pour porter au cimetière une couronne de souvenir offerte par le Conseil, et accrochée à la grande croix en attendant qu'un monument soit élevé.

Nouvelles revisions. — Le 26 novembre, 14 exemptés ou réformés passaient à Lodève une nouvelle revision : Azémar (Émile), Bellet (Joseph) [Ville], Cambon (Jules) ont été versés dans l'auxiliaire, Lassalle (Gustave) dans le service armé. Le 5 décembre, c'était le tour des auxiliaires au nombre de 8. Sauf Fournier (Eugène) maintenu, tous ont été versés dans le service armé.

Réfugiés. — Nous en attendons une quinzaine venant de Belgique ; ils seront logés dans les locaux disponibles. Pour le moment il n'y a qu'une famille de trois personnes venant de Soissons et recueillie par l'instituteur.

Nouvelles recrues. — Classe 1914 : Delort (Joseph), incorporé en Corse, vient de partir sur le front. Merlhou (Louis), incorporé à Villefranche-sur-Mer. Classe 1915 : Sirven (Jean), incorporé à Privas, Vellas (Eugène), ajourné. Classe 1916 passera la revision en janvier, ce sont : Alaux (Pierre), Truchard (Auguste), Delort (André), Rouquet (Émile), Truchard (Louis), Lassalle (François), Clapier (Léon).

Bon courage et au revoir. — Nous vaincrons sûrement, tout nous l'indique. Ayez donc confiance et bon courage. C'est pour la France, c'est pour la civilisation, c'est pour vos familles, c'est pour vos enfants que vous luttez. Que Dieu vous conserve et vous ramène bientôt vainqueurs et en bonne santé. C'est le souhait de nous tous et en particulier de

Votre Instituteur.

Échos de Soubès n° 2.

Soubès, le 20 février 1915.

CHERS AMIS,

Vous avez fait au premier numéro des *Échos de Soubès* un accueil si cordial, si touchant, et vos lettres m'en ont remercié en des termes si émus, si enthousiastes, que je crois vous être agréable en ne vous faisant pas attendre plus longtemps le n° 2. Le voici, vous apportant comme le premier un peu du cœur de Soubès, de ce grand cœur formé de l'union des cœurs de vos papas, de vos mamans, de vos épouses, de vos enfants, de vos frères, de vos sœurs, de vos compatriotes qui tous, plus que jamais, ont battu pour vous en ces jours doublement tristes d'hiver et de guerre. Et ces chers *Échos* vous parviennent non sous la forme solennelle d'un journal luxueusement imprimé (le luxe n'est pas de saison), mais sous la forme plus modeste, plus familiale, d'une lettre que vous écrivent nos jeunes écoliers. Utile devoir et profitable leçon, car pour eux comme pour vous, ces *Échos* parlent au cœur. *Échos* des veillées au coin du feu, où votre place était vide, mais où planait votre souvenir ; *échos* de nos réunions du jeudi sur les bancs de votre école, où nous avons parlé de vous et de votre œuvre libératrice ; *échos* de notre ouvroir volontaire, où nos jeunes filles travaillent pour vous ; *échos* de notre église, privée de son pasteur, où des âmes pieuses prient pour vous ; *échos* de nos écoles, où tout en étudiant les belles pages d'histoire que vous écrivez avec vos baïonnettes, vos enfants se rendent compte de toute la reconnaissance qu'ils vous doivent pour votre dévouement à l'œuvre du salut commun ; *échos* de votre mairie, privée de cinq conseillers, où tout ce qui vous intéresse, vous et vos familles, est soigneusement étudié, noté et conservé ; *échos* de nos rues et de nos places, tristes et désertes depuis votre départ, et où l'on ne voit que de rares groupes de vieillards, mêlant et comparant leurs souvenirs de 1870 avec ceux de 1914 ; *échos* des récréations de vos enfants qui, depuis la mobilisation, n'ont qu'un jeu, la petite guerre, où les Boches sont toujours battus; *échos* de vos campagnes, de vos champs, de vos vignes, où vos vieux parents, vos jeunes frères, vos femmes, vos enfants, préparent à votre place la récolte prochaine qu'ils souhaitent et espèrent bien faire avec vous; *échos* de nos jeux de boules, privés de leurs principaux champions et attendant des jours meilleurs pour reprendre leur bruyant et joyeux entrain; *échos* de nos charmants ruisseaux, *Braize, Suberlet, Lergues,* dont le doux murmure semble pleurer votre départ et réclamer votre prompt retour sur ces rives qui vous ont vus si souvent taquiner le poisson ou vous reposer à l'ombre des saules; *échos* de notre douce température sous le beau ciel méridional que l'hiver ne parvient pas à assombrir, que le bruit du canon n'a pas ébranlé, où les cigales ont chanté pour vous dire au revoir, et célébreront avec nous les joies de la paix reconquise par vous; *échos* des premiers zéphyrs printaniers, qui, venant de notre cher Midi, frôleront vos amandiers en fleurs et vous apporteront notre pensée et nos meilleurs vœux, dans les régions froides et désolées du Nord, d'où la bise glaciale de l'hiver ne nous a apporté que les tristes échos de la mitraille destructrice, des cris de sauvages inhumains, des sanglots d'innocentes victimes. Si ce n° 2 de nos *Échos* n'est pas encore un bulletin de victoire, du moins a-t-il sur le n° 1 l'avantage de ne point apporter une longue liste mortuaire et il est consolant de penser que tous ceux qui ont lu les *Échos* du 20 décembre pourront lire ceux du 20 février. Voilà déjà une bonne nouvelle que vous apprendrez avec plaisir. En voici quelques autres capables de vous intéresser.

État civil. — *Naissances :* Bonnel (Gaston) était déjà sur le front, quand il a appris la naissance de sa fille Georgette le 20 décembre. Plus heureux que lui, Gendarme (Henri), gendre Taly, venu en permission de convalescence, a pu assister à la naissance de son second fils Henri-Noël le jour même de Noël. C'est également en campagne que Rouch (Alfred) a appris la naissance de sa fille Edmonde, le 20 décembre, à Montpellier.

Décès : Depuis le 20 décembre nous avons enregistré le décès de quatre personnes âgées; ce sont : 1° M. Milhau

(84 ans), le père de Milhau (Octave), décédé à Lodève; 2° Mme Gineste, épouse Cance (71 ans), décédée le 5 janvier; 3° Mlle Pascal (Joséphine) (83 ans), tante des demoiselles Rolland, décédée le 11 janvier; 4° Mme Caisso, née Félix (81 ans), mère de Marthe la couturière, décédée le 20 janvier.

Malades. — L'état sanitaire est resté excellent malgré l'hiver. Actuellement il n'y a que deux malades. Ce sont : Coulet (Gustave), le zouave, pris subitement de crachements de sang (le 16 janvier) qui ont mis ses jours en danger et ont retardé son appel. Il va un peu mieux, mais son état inspire toujours des inquiétudes. Le 17 février, Mlle Marie, de l'école libre, est tombée gravement malade. Le 18, on l'a transportée à l'hôpital de Lodève. Le 13 janvier, le jeune Caramel (Gabriel) est tombé si malheureusement qu'il s'est fracturé l'avant-bras droit. Grâce aux soins immédiats et intelligents reçus chez le Dr Rouquette, puis à la clinique chirurgicale de Montpellier, pour laquelle il payait la cotisation, la guérison suit son cours sans douleur.

Temps. — L'hiver 1914-1915 a été bien moins dur que l'an dernier et par les plus grands froids le thermomètre n'est pas descendu à moins de 3 degrés au-dessous de zéro. N'importe, plus d'une fois, en nous couchant, nous avons pensé tristement à votre pénible situation dans les tranchées, et nous aurions bien voulu adoucir un peu votre sort même en diminuant un peu notre bien-être. Dans la deuxième quinzaine de janvier il a gelé à glace, surtout du 19 au 25 janvier. La bise soufflait très froide, surtout la nuit, mais durant le jour le soleil brillait; le 31 janvier, nous avons eu une véritable journée de printemps et depuis le temps s'est maintenu avec quelques giboulées. Le 14 février, le vent du nord recommence un peu froid et les hauteurs voisines sont légèrement blanches de neige. Mais voici d'autres beaux jours. C'est déjà le printemps. Comparez notre hiver à celui que vous avez subi dans les plaines brumeuses du Nord ou sur les coteaux d'Argonne et après avoir dit : « Vive la France! », ajoutez : « Vive notre Soubès! »

Travaux agricoles. — La taille de la vigne est à peu près finie, car femmes, enfants, vieillards s'y sont mis avec courage. On a peu fumé et presque pas planté. Mauvaise année pour la vente des racinés (12 à 15 francs le mille). On s'apprête à faire d'abondantes semences de printemps (légumes, pommes de terre, jardinage). Le manque d'hommes commence à se faire sentir pour les labours, et il n'y a plus aucun Espagnol à Soubès.

Approvisionnement. — Rien n'a manqué jusqu'ici, mais à peu près tout a augmenté de prix, sauf peut-être la viande et le café. Le sucre s'est payé 1f 20. Le chocolat est rare et se paie 90 centimes ou 1 franc au lieu de 75 centimes. Les porcs gras se vendaient 55 francs fin décembre. Ils sont maintenant à 70 francs. Grâce à l'organisation du four municipal, nous avons eu toujours du pain excellent et tandis que depuis deux mois partout ailleurs il coûtait 85 centimes ou 90 centimes, nous ne l'avons payé que 80 centimes jusqu'au 1er février, mais à cette date la Commission a été obligée de le mettre à 85 centimes à cause de la hausse croissante des farines.

Quêtes. — La vente du petit drapeau belge, le 3 janvier, a donné 90 francs destinés à venir en aide aux réfugiés belges. La Journée du 75, le 7 février, a produit 65 francs versés à l'œuvre du « Soldat au front ». Les 90 hectolitres de vin offerts à l'armée par les propriétaires de Soubès n'ont pas encore été retirés, mais ne tarderont pas à l'être, et il faut espérer que vous en aurez bientôt votre part.

Nos mobilisés. — Ils sont maintenant plus de soixante-dix dont une quinzaine seulement sont encore dans les dépôts; tous les autres sont au front, d'où aucune mauvaise nouvelle ne nous est parvenue sur leur compte. Donc pas d'autres morts ni blessés. M. Grassy, guéri de sa blessure, était retourné au front où il a été fait prisonnier. Birouste (Germain), d'abord prisonnier à Munster, a été transféré à Soltau, d'où il envoie de temps en temps des nouvelles qui mettent un mois pour parvenir à sa famille. Cannac (Arthur) est également prisonnier. Rien de précis sur la manière dont ils sont traités. Caisso (Léonce) a été promu sergent pour sa belle conduite au feu. Galenc (Léopold) a également reçu les galons de sous-officier après un brillant engagement où il a fait preuve de beaucoup de sang-froid et de présence d'esprit en entraînant ses hommes en avant, baïonnette au canon, contre les Boches qui avaient envahi une tranchée française ; c'était le 27 décembre. Quelques autres ont été faits caporaux ou brigadiers. A ceux-là et aux héros obscurs qui font vaillamment leur devoir sans être remarqués, nous adressons nos félicitations et nos encouragements. A l'heure actuelle, toutes les femmes des mobilisés touchent l'allocation de soutien de famille. Les veuves Caisso (Édouard) et Fournier (Henri) continuent à toucher l'allocation en attendant une pension.

Mort au champ d'honneur. — Par oubli involontaire le nom de Colrat (Auguste) n'a pas figuré sur la liste des enfants de Soubès morts au champ d'honneur. Et pourtant son mariage, célébré la veille même de la mobilisation avec une Soubésienne, Étiennette Varatges, en fait un de nos compatriotes. Blessé à la main droite le 7 novembre près d'Ypres, il fut soigné à l'hôpital de Caen. Presque guéri de sa blessure, il fut atteint de fièvre typhoïde, dont il mourut le 12 décembre. Son corps a été transporté à Canet, son pays natal.

Nos blessés. — Trahine (Jules) est retourné au dépôt. Gendarme (Henri), guéri de sa blessure, est soigné à Lodève pour une pleurésie. Barrière (Émile), n'étant pas en état de se servir de sa jambe blessée, a été transféré de Lodève à Balaruc.

Nouvelles recrues. — Depuis le 20 décembre, 1.200 recrues de la classe 1915 sont à la caserne à Lodève sous le commandement du commandant Thouvenain, revenu blessé du front. Ce sont de beaux gaillards, gais et courageux, à qui on ne ménage ni marches ni alertes. Ils sont, avec les blessés, l'objet de beaucoup de sympathie et ils mettent un peu de gaieté à Lodève et à Soubès. Parmi les sept Soubésiens de la classe 1916, *deux* seulement ont été bons pour le service, ce sont : Truchard (Louis) et Truchard (Auguste) qui vont être incorporés fin février.

Réfugiés. — Le 18 février, nous avons reçu douze réfugiés belges venant du côté d'Ypres par Calais, La Rochelle. Il y a trois jeunes gens de dix-sept, dix-neuf et vingt et un ans et une famille comprenant le père, la mère et cinq enfants dont le plus âgé a dix ans et le plus jeune deux. Avec cette famille vivent une vieille tante et un cousin d'une quarantaine d'années. La population leur a fait un accueil respectueusement sympathique et s'est montrée très empressée à offrir ce qui était nécessaire à leur installation (literie, linge, bois, légumes, ustensiles de cuisine, habits et chaussures pour les enfants et même jouets). Les trois jeunes gens sont logés dans l'immeuble René, à la ville, et les neuf autres dans le grand immeuble Camillière, sur le Terral.

La conclusion de ces *Échos* sera un sincère remerciement pour vos lettres si cordiales et si réconfortantes auxquelles il n'est pas toujours possible de répondre individuellement. Tout dévoué à vous rendre service à vous et à vos familles, je vous serre amicalement la main en vous criant : Bon courage et bon espoir !

Votre Instituteur.

Échos de Soubès n° 3.

Soubès, le 20 avril 1915.

Chers amis,

Voici que pour la troisième fois vous arrivent les *Échos de Soubès*. Sera-ce la dernière fois avant la victoire décisive et définitive qui purgera la France des barbares qui la souillent, et vous ramènera triomphants au milieu des vôtres, dans ce cher village où vous avez laissé ce que vous avez de plus cher au monde ? S'il ne nous est pas possible de l'affirmer, du moins nous pouvons le souhaiter, et plus d'un indice nous permet d'espérer que dans deux mois bien des événements surviendront qui hâteront le succès final. En attendant, sachez que nous ne vous oublions pas. A mesure que les appels successifs font d'autres vides dans le village, ceux qui restent reportent leurs pensées vers les chers absents avec plus de confiance et plus d'affectueuse sollicitude. Vous combattez pour nous, nous vivons pour vous et avec vous. Nous considérons comme d'heureux présages les beaux faits d'armes que nous signalent chaque jour les communiqués officiels, et qui témoignent de la supériorité incontestable que vous avez prise sur les ennemis. C'est que, malgré les dures épreuves d'un hiver dans les tranchées, vous avez gardé tout votre courage, tout votre enthousiasme et toute confiance. Vos lettres nous le montrent, vos exploits encore plus.

Résurrection, renouveau, victoire : ces mots semblent planer dans l'air attiédi en ces jours de Pâques et de printemps. Mots réconfortants et pleins d'espérance que nous répètent, chacun à leur manière, les orgues de nos églises parmi l'encens et les hymnes des fêtes religieuses; l'oiseau qui chante près de son nid rebâti; l'hirondelle qui, messagère fidèle, nous revient après huit mois d'absence; le bruissement des feuilles naissantes sur les arbres que l'hiver a pu dépouiller pour un temps mais n'a pas abattus; l'humble violette de nos sentiers qui, écrasée par le pied brutal du passant distrait, ne fait sentir son parfum que plus suavement, les mille voix des insectes qui retrouvent un gazon reverdi dans la prairie où les frimas semblaient avoir semé pour toujours la mort; le murmure de nos ruisseaux dont les ondes, un moment glacées, recommencent à répandre la vie et la fécondité. Oui, bientôt, chers oiseaux soubésiens, vous retrouverez vos nids; chers exilés, vous retrouverez votre patrie; chers blessés, vous retrouverez la santé. Et vous, chères victimes, qui, semblables aux feuilles tombées en automne, ne verrez pas ce grand renouveau, mais l'aurez préparé, votre mémoire restera bénie et glorieuse parmi nous!...

Femmes vaillantes et braves enfants de Soubès. — La France en compte par milliers en ce moment, Soubès en a sa part. Que j'en ai vu de ces femmes qu'on croyait être des poupées et qui subitement sont devenues... presque des hommes. Leurs mains délicates ont pris la pioche pour défoncer le jardin, déchausser la vigne et n'ont pas trouvé trop salissant ni trop répugnant de manipuler le fumier. Saluons respectueusement ces petits doigts autrefois mignons et maintenant calleux, ces jupons crottés, ces sabots boueux... Ils viennent de la guerre eux aussi. Et que j'en connais à Soubès de ces braves enfants qui délaissent les jeux et s'efforcent de remplacer le papa ou le grand frère! Ils ont soigné le bétail, transvasé le vin, ramassé les sarments, coupé du bois, rangé la maison, écrit les lettres, etc..., toutes choses qui ne seraient pas de leurs attributions sans la guerre. Mais ils ont voulu, eux aussi, être héroïques à leur manière, ne pouvant pas l'être comme les enfants-soldats qui combattent les Boches. Ils se sont dit que, comme leurs aînés des classes 1916 et 1917, ils devaient devancer l'appel et être des hommes avant l'âge.

Et les fillettes ont remplacé les mamans qui remplaçaient les papas. Elles se sont occupées un peu moins de leur poupée et un peu plus du petit frère ou de la petite sœur. Elles ont gardé la maison, fait le ménage, raccommodé, cousu ou tricoté pour les soldats ou les réfugiés.

État civil. — *Naissances :* M. Caylus a eu, le 3 mars, une petite fille qui, malheureusement, n'a vécu que dix jours. Quelques jours après MM. Lassalle (Gustave) et Février (Albert) ont eu, le premier, une fillette, Augusta ; le second, un garçon, Joseph, nés tous les deux le même jour, le 5 mars.

Décès : Mlle Chabaud (Marie), institutrice libre, dont les derniers *Échos* vous annonçaient la maladie, est morte le 25 février, après une longue vie (74 ans) de dévouement et de modestie consacrée à l'éducation des jeunes enfants de Canet et de Soubès. Deux jours après, le 27 février, c'était Grimal (Pierre), âgé de 77 ans, et enfin Coulet (Gustave), décédé à l'hôpital de Lodève et enterré à Soubès, à l'âge de 36 ans.

État sanitaire. — Pendant la deuxième quinzaine de février et tout le mois de mars de nombreux cas de grippe se sont produits, dont j'ai eu ma part. M. Salles, facteur receveur, obligé de quitter son service, est en convalescence au Crès, près de Montpellier. L'état sanitaire semble s'être amélioré et actuellement il n'y a que Mme Gros Nathalie (mère de M. le maire) assez gravement malade.

Temps. — Fin février il a fait très froid, avec forte bise. Tempête de pluie le 23, givre le 24, glace le 25, beau temps du 1er au 8 mars, glace et grand froid les 9 et 10. Pluies assez fortes du 12 au 19, puis beau temps jusqu'au lundi de Pâques. Le mardi de Pâques, le temps se refroidit brusquement ; vent en tempête, giboulées glaciales.

Travaux agricoles. — Ne sont pas en avance, surtout à cause du mauvais temps ; mais grâce à l'activité courageuse des femmes, des enfants et des hommes non encore mobilisés, tout se fait ou se fera. La végétation a un peu de retard, ce qui fait moins redouter les gelées tardives. La floraison des arbres fruitiers s'est faite dans de bonnes conditions. Le vin se vend de 8 à 12 francs.

Approvisionnement. — Rien ne manque, mais à peu près tout augmente de prix peu à peu, même la viande: Le pain était à 85 centimes les 2 kilos depuis le 1er février. Il est à 90 centimes depuis le 1er avril.

Nos mobilisés. — Pas de mauvaises nouvelles sur leur compte. Pas d'autres morts ni blessés. Quelques malades. Rouquet (Frédéric), atteint de jaunisse, était encore en convalescence à Lunel fin mars. Il vient de repartir sur le front où il est retombé malade et a été évacué sur l'hôpital d'Angers. Frontin (Jules), mis au repos pendant trois semaines pour un panari au doigt, eut ensuite une angine qui le retint à l'hôpital de Bruyères (Vosges) du 5 février à fin mars. Complètement guéri, il a repris son service d'infirmier. Crouzet (Joseph-Auguste), après avoir été soigné pour une bronchite à l'hôpital d'Aiguillon près d'Agen, a obtenu sept jours de permission, ce qui lui a permis de passer les fêtes de Pâques dans sa famille avant de rejoindre le dépôt du 3e de ligne à Digne. Camillière (Gabriel) n'a pu suivre sa classe sur le front à cause d'une bronchite qui l'a retenu dans un hôpital de Montpellier, où il est encore à peu près rétabli. Merlhou (Louis), ayant eu les pieds gelés à Cernay (Alsace), a été évacué à l'hôpital de Remiremont, puis à celui de Valence, où il est en bonne voie de guérison. Pradel (Élie), retourné au dépôt après trois mois de convalescence et incomplètement rétabli, s'est vu renvoyé pour trois autres mois dans sa famille. Gendarme (Henri), encore à Lodève, est à peu près guéri de sa pleurésie. Barrière (Émile), toujours à Balaruc, va pour le mieux et compte être réformé. M. le curé, infirmier à Perpignan, a eu une permission de quarante-huit heures qui lui a permis de célébrer les offices de Pâques dans notre église. Le jeune Sirven (Jean), après trois mois d'instruction au 61e d'infanterie à Privas, a été affecté sur sa demande au corps expéditionnaire de Turquie (415e de marche).

Classes 1916 et 1917. — Les deux jeunes gens de la classe 1916 reconnus bons pour le service ont rejoint, le 12 avril, leur régiment d'affectation. Truchard (Louis), au

2e zouaves à Sathonay près de Lyon; Truchard (Auguste), au 56e d'artillerie à Montpellier. Le tableau de la classe 1917 comprend quatre noms : Félix (Antoine), Mathieu (Jules), Trahine (Paul), Serieys (Jean); ils passeront le conseil au début de mai.

Correspondances. — Je remercie bien sincèrement ceux qui, en réponse aux *Échos de Soubès*, veulent bien m'écrire. Leurs lettres ne sont pas seulement pour moi de précieux documents que je conserve; mais plus d'une fois elles m'ont fourni la matière d'intéressantes et utiles causeries à mes élèves ou à mes auditeurs des réunions du soir. Je m'excuse de ne pouvoir vous répondre chaque fois individuellement. De même croyez bien que je ne me froisserai nullement si les circonstances ne vous permettent pas de m'écrire. Je comprends fort bien que le temps et la commodité vous manquent ou vous manqueront plus d'une fois. Nous n'en resterons pas moins en communion d'idées et de sentiment, et, par vos familles, j'aurai de vos chères nouvelles.

Allons ! Encore une fois bon courage et pleine confiance. La victoire approche, la délivrance aussi. Recevez une bien cordiale poignée de main de votre instituteur et ami.

Échos de Soubès n° 4.

Soubès, le 20 juin 1915.

Chers Amis,

A mesure que la guerre se prolonge et que le devoir patriotique appelle d'autres Soubésiens à la défense de la Patrie, le nombre de nos *Échos* va toujours grandissant. Tel un vol de quatre-vingts pigeons partis du clocher de Soubès, leurs feuilles s'en vont vers nos combattants en Alsace, en Lorraine, en Champagne, en Flandre, en Belgique, en Serbie, aux Dardanelles, au Maroc, portant dans leurs plis un peu de tous les cœurs qui battent ici pour vous. Puissent-elles revenir bientôt toutes avec vous? Quelques-unes seront peut-être ternies par vos doigts noircis de poudre, d'autres seront tachées de quelques gouttes de sang, d'autres enfin s'égareront dans le fracas des batailles. Mais peu importe leur sort à elles, pourvu qu'elles aient rempli auprès de vous leur douce mission de messagères de souvenir et d'amitié !...

Si les *Échos de Soubès* étaient en même temps un miroir, ils pourraient vous donner une agréable vision de votre petite patrie en ce moment inondée de soleil, parée de verdure et de fleurs, enrichie de fruits et de moissons. Mais non ! Peut-être qu'un spectacle si ravissant vous rendrait insupportable celui des régions dévastées qu'il vous faut délivrer, et vous mettrait au cœur une poignante nostalgie qui doit céder le pas à l'amour de la grande patrie. Et nos *Échos* resteront des voix qui parlent, des voix qui glorifient nos héros, des voix qui consolent nos blessés, des voix qui bénissent la mémoire de nos morts, des voix qui chanteront bientôt la victoire !...

État civil. — *Naissance :* Depuis le 20 avril une seule naissance : Cambon (Henri), fils de Cambon (Louis), né le 22 mai.

Décès : Mme Arnal (Nathalie), veuve Gros, mère de M. le maire, décédée le 20 avril. Aucun malade dans le village.

Temps et travaux agricoles. — Après une fin d'avril froide, le temps s'est mis à la pluie jusque vers le 10 mai. Alors le vent du nord est venu fort à propos retarder de quelques jours l'invasion du mildiou sur nos vignes. La température est restée sèche malgré quelques orages dont un, le 17 mai, a été une véritable trombe. Du 28 mai au 5 juin, période de pluies continuelles, arrêtant tout travail, suivie d'une semaine de grandes chaleurs, avec rosée le matin, jusqu'au 14 juin. Le temps s'est remis au beau sec, mais les vignes sont atteintes du mildiou, surtout dans les terrains bas malgré les nombreux soufrages et sulfatages exécutés avec une activité admirable. Moins grand que dans la plaine, le mal est pourtant considérable à Soubès et dès maintenant la récolte se trouve sérieusement compromise. Cela a fait monter un peu le prix du vin de 10 à 16 francs et même 20 francs. En ce moment, la cueillette des cerises bat son plein. Il y en a un peu moins que l'an dernier et elles se conservent peu. Elles se sont vendues d'abord 25 francs, puis elles sont tombées à 15 francs et 12 francs les 100 kilos. La part des oiseaux restera copieuse sur les arbres. Il y a quatre expéditeurs : Fabre, Mathieu, Ferrand, Brengues. Les oliviers ont bien fleuri. Les fourrages, abondants et de bonne qualité, ont pu se rentrer dans de bonnes conditions. Les pommes de terre sont avancées mais beaucoup manquent à l'appel. La main-d'œuvre se faisant de plus en plus rare, chacun, selon ses forces et ses aptitudes, se livre au travail avec beaucoup de courage, se levant très matin, doublant la journée, supportant vaillamment la chaleur et la fatigue. Les femmes prenant la soufrette ou endossant la sulfateuse se montrent des vigneronnes expertes et infatigables. Les enfants au-dessus de dix ans, obligés de manquer l'école, ont donné leur coup de main comme de braves petits hommes, et pour la cueillette des cerises, ils ont grimpé aux arbres, beaucoup plus soucieux de remplir vite leur panier que de se régaler du fruit juteux. Aussi, fatigués, ils écourtent volontiers leurs jeux à la fraîcheur de l'après-souper, dorment mieux et mangent de bon appétit.

Nos mobilisés. — Après le récent départ de la classe 1889 leur nombre atteint 80. Les derniers appelés, après avoir rejoint le dépôt de Montpellier, ont séjourné quelque temps à Mazamet et sont actuellement cantonnés au camp de la Courtine dans la Creuse.

Le fils Azémar, récemment versé dans l'auxiliaire, vient d'être appelé. Lassalle (Gustave), exempté, versé dans le service armé, après deux mois d'instruction au 24e colonial, a quitté Perpignan le 14 mai et se trouve actuellement aux Dardanelles. En général, on a de bonnes nouvelles de tous. Gabriel (Félix), blessé légèrement dans la brillante affaire d'Arras, le 10 mai, a été soigné à l'hôpital d'Issoudun, puis, après sept jours passés à Soubès du 8 au 16 juin, est retourné au dépôt du 281e à Montpellier. Merlhou (Louis), qui avait eu les pieds gelés, est actuellement chez ses parents pour un mois. Rouquet (Frédéric), atteint de gastrite, se soigne chez lui. Barrière (Émile), toujours boiteux, est en congé de convalescence à Soubès pour trois mois. Les prisonniers, Birouste, Grassy et Cannac, donnent assez régulièrement de leurs nouvelles qui ne sont pas trop mauvaises. Ils préfèrent au pain KK celui qu'on leur envoie de Soubès.

Citations et promotions. — Le tableau d'honneur de

Soubès compte déjà deux citations à l'ordre du jour. Les voici :

Gros (Denis) : « Chef d'une pièce détachée dans un terrain constamment battu par le feu de l'ennemi ; par son entrain, son adresse, son énergie, a fait rendre à sa pièce les services importants qu'on en espérait. »

Capitaine Monéry, médecin-major : « Depuis son arrivée sur le front, n'a cessé de se prodiguer constamment, notamment le 23 avril où il n'a pas hésité à quitter son poste de secours et à se porter sous un feu violent dans les tranchées pour donner ses soins à un officier blessé. »

Le sympathique docteur Léon Varatges, nommé médecin chef au début de la guerre, vient d'être envoyé en mission médicale en Serbie.

Caisso (Léonce), récemment nommé sergent au 34e colonial, est actuellement chef de section.

Classe 1917. — Au conseil de revision passé à Lodève le 26 mai, deux conscrits ont été reconnus bons pour le service, ce sont : Trahine (Paul) et Sérieys (Jean). Un ajourné, Félix (Léon), a été versé dans le service armé.

Certificat d'études. — Neuf élèves de Soubès, cinq garçons et quatre filles, viennent d'obtenir le certificat d'études. En cette année de guerre, ils ont voulu eux aussi avoir leur part de lauriers ; tout en s'employant de leur mieux aux travaux des champs ou de la maison, ils n'ont pas négligé le travail de l'école. Ils ont doublement du mérite. Voici les noms des vainqueurs cités à l'ordre du jour du 9 juin 1915 : *Garçons :* Albaret (Joseph), Christol (Joseph), Guiraudon (Joseph), Février (Louis), Minhonnac (François). *Filles :* Roger (Madeleine), Roume (Émilie), Hugounenq (Lucie), Galibert (Madeleine).

Bon courage et bon espoir. — Encore un peu de patience. L'Allemand s'use et finira bientôt par succomber sous la poussée de tant d'ennemis que sa barbarie soulève contre lui. Nos attaques partielles le refoulent peu à peu. La victoire est de plus en plus certaine et elle est proche. Donc plus que jamais bon courage et bon espoir !

Recevez une bien cordiale poignée de main de votre instituteur et ami.

Échos de Soubès n° 5.

Soubès, le 20 octobre 1915.

Chers Amis,

Je serais désolé de n'avoir pas pu, à cause des vacances, vous envoyer les *Échos de Soubès* à leur date habituelle, si je ne savais que les permissions vous en ont amplement dédommagés. Au plaisir de lire des nouvelles de votre cher village, vous avez certainement préféré celui de vous retrouver pendant quelques jours au milieu des êtres chers que vous aviez quittés il y a plus d'un an. Avec non moins de plaisir nous vous avons serré la main et avons admiré votre belle mine et votre bonne humeur. Vos impressions, nous les devinons, et quelques-uns m'en ont fait part dans la cordiale visite qu'ils ont bien voulu me faire. Pour nous, vous nous êtes apparus comme des revenants mystérieux, le front auréolé du nimbe des saints et des martyrs. Vous étiez en tout cas des héros, et, sans que vous y preniez garde, nous ne vous regardions, nous ne vous parlions, nous ne vous écoutions, qu'avec un religieux respect et une reconnaissante admiration. Et quel précieux réconfort vous nous avez apporté ! Votre résignation, votre gaieté, votre inébranlable confiance, ont haussé notre moral à la hauteur du vôtre ; soyez-en félicités et remerciés. Comme vous, nous saurons attendre avec patience et bon espoir la décision finale que les récentes victoires de Champagne et d'Artois nous promettent plus prompte et plus favorable que nous ne l'osions espérer il y a quatre mois.

État sanitaire. — Au mois de juillet une épidémie de rougeole a sévi dans le village où presque tous les jeunes enfants ont été malades. Malheureusement nous avons à déplorer quatre décès particulièrement cruels pour les papas mobilisés qui les ont appris sur le front, et à qui nous offrons nos sympathiques condoléances. Ce sont : 1° Céret (Angélina) [5 mois], fille de Céret (Célestin) et de Delfau (Jeanne) ; 2° le 12 juillet, Lassalle (Augusta) [5 mois], fille de Lassalle

(Gustave); 3° Opsomer (Gabrielle) [2 ans], jeune réfugiée belge que tous les enfants des écoles ont accompagnée au cimetière avec une magnifique couronne offerte par eux et portant cette inscription : « Que la terre de France te soit légère, pauvre enfant de la Belgique »; 4° le 3 août, Frontin (Paul) [18 mois], fils de Frontin (Jules).

En plus de ces quatre petits anges passés si prématurément du berceau à la tombe, Gros (Augustin) est mort le 10 août à l'âge de cinquante-trois ans, quelques heures seulement avant l'arrivée de son fils Gros (Denis), permissionnaire du front. Enfin, le 8 octobre, Barrière (Paulin), beau-père Salvagnac, s'est éteint à l'âge de soixante-quinze ans. Actuellement, l'état sanitaire est parfait et il n'y a aucun malade dans le village.

Travaux agricoles. — Après un temps très variable en juin et juillet, avec des alternatives de fortes chaleurs et de froid, la sécheresse a beaucoup contrarié le développement des récoltes. Le mauvais état des vignes, sans s'aggraver, ne s'est pas amélioré, et le peu de raisin conservé a mûri sans se gonfler. Les prunes, les pommes, les abricots, les pêches, les amandes, d'ailleurs en petite quantité, se gâtaient même sur l'arbre. En revanche, les oliviers ont fructifié en abondance et bonne qualité. Les olives lucques se vendent 30 francs. Les quelques amandes venues à bien se vendent sèches 100 francs les 100 kilos. Les vendanges, commencées après le 20 septembre, ont été terminées vers le 10 octobre, par un temps assez beau, sauf quelques ondées vers la fin. Comme en 1914, tout s'est bien passé, grâce à l'entr'aide mutuelle et à la vaillance des femmes et des enfants. Bien que moins déficitaire que dans la plaine, la récolte ne dépasse pas, en général, la moitié de celle de l'année dernière. Mais le vin est supérieur en couleur et en alcool, atteignant facilement 9 et 10 degrés. Actuellement, le prix du vin est de 40 francs l'hectolitre. En prévision du déficit certain, l'intendance militaire réquisitionne *un quart* de la récolte que chaque propriétaire est obligé de tenir à la disposition de l'armée au prix du mois de septembre.

Nos mobilisés. — Sauf à peine une dizaine, tous sont au front de 1re, 2e et 3e ligne. Félix (Léon) vient d'être appelé au 24e colonial à Perpignan. Malgré les inquiétudes qu'avaient fait naître les dernières offensives, aucune mauvaise nouvelle n'est parvenue, et l'on ne peut s'empêcher de constater que comparativement à d'autres villages, Soubès n'est pas encore trop éprouvé. Cependant on ignore le sort de Lassalle (Gustave), parti aux Dardanelles en mai, et nous avons à mentionner quelques nouveaux blessés qui, heureusement, sont rétablis ou en bonne voie de guérison. Bon nombre d'entre vous ont été renseignés à ce sujet, grâce à l'activité et au dévouement d'un mobilisé de Soubès, M. Lavaysse, notre curé, qui, dans son *Messager* mensuel, réunit sur tout ce qui vous concerne de précieux documents imprimés pour l'histoire de sa paroisse pendant la grande guerre. En l'en remerciant, constatons avec plaisir que, comme il le disait lui-même, *Échos* et *Messager* travaillent côte à côte pour la glorification de notre cher village.

Nos blessés. — Ramond (Émile), employé à la fabrication de munitions à Givry près de Sainte-Menehould, a été blessé à la jambe par l'explosion accidentelle d'une grenade ; guéri après une quinzaine à l'hôpital de Bar-le-Duc, il a eu une permission de six jours et a repris son service. Cartayrade (Ismaël) a été assez grièvement blessé le 27 juin par des éclats d'obus qui lui ont meurtri le bras et la jambe du côté droit. Soigné à l'hôpital de Cannes, il est actuellement hors de danger, mais peu en état de reprendre les armes de sitôt. Sirven (Jean), de la classe 1915, a été blessé le 24 août à Perthes d'un éclat d'obus au pied droit. A l'hôpital auxiliaire n° 2, à Bordeaux, on lui a extrait l'éclat et il va pour le mieux. Bonnel (Georges), après s'être bravement distingué les 20, 24 et 27 juillet dans plusieurs assauts qu'il dirigeait lui-même comme sergent, sur les crêtes du *Linge*, fut blessé d'un éclat d'obus au genou. Soigné à l'hôpital de Béziers, il est à peu près rétabli et va passer un mois de convalescence dans sa famille, en attendant que soit donné suite à la proposition dont il a été l'objet pour le grade d'adjudant et la médaille militaire. Barrière (Émile) vient d'être réformé n° 1.

Citation à l'ordre du jour. — Nous en sommes à la troisième. A qui le tour ?

Delort (Joseph), caporal au 173e régiment d'infanterie : « S'est porté spontanément et de sa propre initiative entre les deux lignes, à la recherche des blessés. Accueilli par une fusillade nourrie et malgré le danger, n'en a pas moins continué sa mission et a ramené un blessé de la 7e compagnie. N'en est pas à son coup d'essai. (Ordre du régiment, 22 juillet 1915.)

Nouvelles et cordiales félicitations à notre brave ami.

Tableaux d'honneur. — Dans le vestibule de la mairie nous avons placé deux tableaux richement encadrés et ornementés. L'un porte la liste des enfants de Soubès morts pour la patrie. Sur l'autre seront inscrits les noms de nos mobilisés et les citations à l'ordre du jour. Je compte sur votre amabilité pour me renvoyer la feuille ci-jointe exactement remplie.

Nouvelles diverses. — Fin août, le chien de Ramond (Émile) est devenu enragé et a mordu quatre personnes qui ont suivi avec succès le traitement antirabique à Montpellier. Ce sont : Mallet (Françoise), Trahine (Élise), une nièce de M. Roux et un petit-neveu de Ramond. — La première semaine d'octobre, il a été volé à M. Azémar (Paul), 2.000 francs d'argent et des titres pour une somme importante. Jusqu'ici le voleur est introuvable.

La campagne d'hiver, si elle a lieu, vous trouvera mieux préparés, mieux pourvus, et aussi courageux que l'an dernier. En tout cas, nous penserons à vous, et, tandis que nos jeunes filles travaillent déjà pour vous, nous songeons à vous ménager une agréable surprise pour votre Noël. En attendant, bon courage, bonne chance et amicale poignée de main.

Échos de Soubès n° 6.

Soubès, le 24 décembre 1915.

BONNE ANNÉE !
BONNE SANTÉ !
PROMPT RETOUR !
A NOS CHERS DÉFENSEURS !

CHERS AMIS,

Ce numéro 6 vous arrive avec quelques jours de retard,

que vous ne regretterez pas quand vous en saurez la raison. Vous souvenez-vous que la conclusion du numéro 5 vous parlait d'une surprise que vous préparaient vos enfants pour votre cadeau de Noël ! Cette surprise va vous parvenir à peu près en même temps que ces *Échos* et vous apporter une nouvelle preuve que nous ne vous oublions pas. Le modeste cadeau que nous vous offrons ne peut certainement pas améliorer beaucoup votre situation matérielle, mais nous savons que vous y attacherez un grand prix. Voici son histoire.

Le Sou du soldat. — Dès la rentrée des classes, nos petits écoliers de l'école de garçons ont fondé l'œuvre du « Sou du soldat » pour envoyer un cadeau de Noël à nos Poilus, et tous les adhérents s'engageaient à donner à cette œuvre le sou ou les sous du dimanche, que d'habitude ils mettaient dans leur tirelire ou dépensaient en friandises. Chaque lundi la collecte était faite et le montant inscrit sur un tableau affiché à la porte de la classe. Sur une colonne spéciale de ce tableau étaient inscrits les noms des donateurs étrangers à l'école qui voulaient bien donner au moins 50 centimes. Les petits sous ont fini par faire la somme assez importante de 17 francs. La colonne des donateurs a produit 39 francs, en tout 56 francs.

Séance patriotique, dramatique et musicale du 19 décembre. — Pour grossir cette somme et donner plus d'importance au cadeau ils ont en même temps préparé une séance patriotique pour le 19 décembre. Avec la même générosité ils se sont imposé le travail supplémentaire d'apprendre les rôles de ce qu'ils appelaient la *pièce,* une sorte de revue d'actualité spécialement composée pour la circonstance. Elle avait pour titre : *La Grande Guerre mimée et chantée par nos petits.*

Vos familles ont dû vous envoyer le programme qui vous en donnera une idée. La séance a eu lieu au jour indiqué à 2 heures de l'après-midi et a parfaitement réussi. Près de 400 personnes étaient entassées au café des Jardins où une scène avait été montée.

Le but et le sens de la réunion ont été clairement indiqués dès le commencement en ces termes : « Ce n'est pas à une fête que vous ont conviés vos enfants, car ce n'est pas le moment de parler de fête quand nos chers absents sont exposés aux souffrances et à la mort. C'est une réunion patriotique, une pieuse cérémonie où la pensée de la France et le souvenir de nos braves défenseurs ne doivent pas quitter nos esprits et nos cœurs. Il faut qu'en sortant d'ici chacun de nous aime mieux notre belle patrie. Il faut que chacun de nous, songeant qu'il ne supporte qu'une faible part des horreurs de la guerre, se sente mieux disposé à contribuer selon ses moyens à obtenir la victoire finale que nous souhaitons et espérons tous. Un de ces moyens n'est-il pas de prouver à nos poilus qu'à l'arrière nous sommes avec eux d'esprit et de cœur ? Comme vos petits écoliers vous voudrez éprouver la noble satisfaction de vous priver de quelque chose pour envoyer un cadeau de Noël à nos poilus de Soubès. »

Pénétré de cette idée, le public est resté calme et digne, et après avoir admiré la parfaite exécution du programme, s'est montré aussi généreux que le méritait le noble but à atteindre ; la recette s'est élevée à 165 francs.

Confection et expédition des colis. — L'œuvre du « Sou du soldat » possédait donc une somme de 56 francs plus 165 francs = 221 francs. Il fallait maintenant préparer les colis. Vu leur nombre, c'était un travail assez compliqué. La bonne volonté et la délicate adresse des grandes jeunes filles de Soubès y ont pourvu. Par leurs soins les boîtes ont été garnies, emballées, ficelées et ont été confiées à la poste non sans avoir été auparavant couvertes de chauds baisers à votre adresse. En plus des menus objets matériels, veuillez y trouver nos plus affectueux sentiments, nos meilleurs souhaits de bonne année, de bonne chance, de bonne santé et de prompt retour.

Chaque colis contient : une plaque de chocolat, un paquet de cartes-lettres, un crayon-encre, quatre cigares, deux carnets de papier à cigarettes, un peigne à moustaches dans un étui, une glace, deux pelotes de fil, six aiguilles, six épingles de sûreté, une savonnette. Il en a été envoyé 65. L'œuvre a de plus donné 10 francs à la Journée du Poilu le 25 décembre 1915.

Nouvelles. — Depuis nos *Échos* du 20 octobre il y a peu de nouvelles à vous annoncer. Un seul décès à signaler : Mme veuve Barascut (Paulin), née Florestine Cappel (80 ans), décédée le 9 décembre. Toujours pas de naissances ni de mariages. Temps normal d'automne, plutôt doux. Légère gelée les 26 et 27 novembre. Deux journées complètes de pluies, les 29 et 30 novembre, puis beau temps jusqu'au 12 décembre. A cette date le temps s'est brusquement refroidi et la neige est apparue pour la première fois sur les hauteurs voisines. Les 15, 16, 17 décembre, un véritable déluge est tombé, accompagné de grêle, éclairs et tonnerre. La déclaration des récoltes a donné 3.891 hectolitres contre 8.000 en 1914, soit un déficit de 4.000 hectolitres. Le vin réquisitionné pour l'armée n'a pas encore été enlevé. Les propriétaires qui n'ont pas au moins déclaré 10 hectolitres ne seront pas soumis à la réquisition. Le vin se paiera selon le degré d'après un barème établi par le ministre de la Guerre. Le vin de 9° sera estimé à 38f 75, celui de 10° à raison de 39f 75 l'hectolitre. Actuellement le vin se vend au commerce de 50 à 55 francs l'hectolitre. La vie est toujours chère, mais on ne manque de rien. A Soubès le pain coûte 85 centimes les 2 kilos, mais à Lodève il est à 90 centimes et à Montpellier à 95 centimes.

Rien de nouveau à propos de nos mobilisés.

Voici le programme de la séance du 19 décembre 1915 :

PROGRAMME

ŒUVRE DU “ SOU DU SOLDAT ”

pour envoyer un Cadeau de Noël à nos Poilus

SÉANCE PATRIOTIQUE

DRAMATIQUE ET MUSICALE

donnée par les Élèves de l'École de Garçons de Soubès

le DIMANCHE 19 DÉCEMBRE 1915, à 14 heures

PROGRAMME

LA GRANDE GUERRE

mimée et chantée par nos petits

Revue d'actualité, composée par M. SAUZET, instituteur

Prologue — **LES RÊVES DE GUILLAUME**

ACTE I — **POUR LA REVANCHE**

Mobilisation. — La Marseillaise. — Notre belle France (chœur). — Salut au drapeau (chœur). — L'Union fait la Force (Hymne belge, Hymne anglais). — Chant du Départ. — Défilé.

ACTE II — **VERS LA REVANCHE**

Au Bivouac (chœur). — Alsace-Lorraine (récit). — La Dernière Classe en Alsace en 1872 (récit). — Sambre-et-Meuse (défilé).

ACTE III — **LA REVANCHE**

La Charge. — Clairons héroïques. — Le Clairon (chant). — Honneur aux Blessés (chœur). — Salut aux Premiers Morts (récit). — La Première Classe en 1914 (récit). — Marche lorraine. — Défilé.

ACTE IV — **LA VIE DU POILU**

Dans les tranchées. — Le Poilu (récit). — Il ne s'en fait pas (récit). — Un autre Allié (Hymne italien). — Échos de Soubès. — Tous pour la France (chœur). — Le Coq gaulois (chœur). — Défilé. — Apothéose.

INTERMÈDES

Le Petit Grégoire - Le Petit Doigt de Maman - Ce qu'est un Poilu

QUÊTE

L'*Écho de Lodève* rendait compte de cette séance dans les termes suivants :

« **Soubès.** — « *Œuvre du soldat* » *pour envoyer un cadeau de Noël à nos poilus,*

« Une grande séance patriotique, dramatique et musicale, avait été organisée, dimanche dernier 19 décembre, par les élèves de l'école de garçons de Soubès.

« Grâce au dévouement de M. l'instituteur qui n'a ménagé ni son temps ni sa peine, le programme, des mieux composés, a été rendu à la complète satisfaction des assistants.

« La vaste salle du concert, décorée avec goût, était trop petite pour contenir les auditeurs de Soubès et des environs.

« Les applaudissements répétés, prodigués aux jeunes artistes amateurs, montraient la satisfaction du public.

« Pendant la séance a eu lieu le tirage d'une *Tombola.*

« Nous adressons nos remerciements aux commerçants lodévois qui ont bien voulu offrir un lot, et nos chaleureuses félicitations à M. l'instituteur et à ses jeunes élèves. »

Échos de Soubès n° 7.

Soubès, le 20 février 1916.

Chers Amis,

Laissez-moi d'abord vous remercier des souhaits de bonne année et de bonne santé que vous avez bien voulu m'adresser par lettre ou de vive voix. Ils m'ont été particulièrement agréables parce que venant de bons amis comme vous l'êtes tous pour moi et exprimés en des termes qui ne laissent aucun doute sur leur sincérité. Bon nombre d'entre vous me connaissaient à peine ou pas du tout. Les tragiques circonstances de la guerre ont créé entre nous et vos familles des liens de la plus intime cordialité qui, je l'espère, dureront encore longtemps. Réformé et n'ayant pas l'honneur de combattre avec les mêmes armes que vous, j'ai cru de mon devoir de bon Français et de bon Soubésien, d'employer tous les moyens en mon pouvoir pour aider nos chers combattants. Ma situation d'instituteur et de secrétaire de mairie m'a fourni quelques-uns de ces moyens ; j'en ai profité comme l'aurait fait tout autre à ma place. Savoir que j'ai pu ainsi vous être parfois utile ou agréable est ma meilleure récompense. A mes remerciements personnels je joins les remerciements de tous nos chers élèves de Soubès, vos enfants et vos frères, pour qui vos lettres sont de précieux encouragements et de très profitables leçons de patriotisme et de courage. Ils savent que vous vous battez pour eux, pour éviter à leurs vingt ans les horreurs et les dangers d'une guerre, pour leur faire un avenir moins sombre que le présent. Malgré le jeune âge ils apprécient cet immense bienfait. Au besoin, je provoque à votre égard ces sentiments d'admiration et de reconnaissance et la transcription tous les deux mois des *Échos de Soubès* y aide puissamment. Je ne sais si durant vos permissions vous avez remarqué les heureuses transformations que la guerre a opérées sur nos enfants. La lecture de vos lettres, la nécessité de vous en écrire, les récits de faits militaires, le désir d'être bien renseigné, ont développé chez eux une réelle aptitude à rédiger, à réfléchir, à juger. Jamais ils n'avaient tant écrit, tant lu, tant étudié et avec tant de plaisir. Ajoutons aussi qu'ils n'avaient jamais tant travaillé, avec autant de sérieux, car ils en sentent la nécessité en votre absence.

Laissez-moi vous dire aussi combien j'ai été heureux de partager avec vos familles et vos compatriotes la joie de vous revoir à peu près tous en bonne santé et de vous serrer amicalement la main à l'occasion de vos permissions. Tout porte à croire que cette année 1916 vous ramènera pour de bon au milieu de nous et que nous aurons le plaisir de vous recevoir triomphalement.

État civil. — *Naissance :* Barrière (Paul), mobilisé à Frontignan, vient d'avoir, le 8 février, une deuxième fillette qu'il a appelée Reine-Jeanne.

Décès : Trois décès sont survenus depuis le commencement de l'année 1916. Le 24 janvier, Tronc (Marie-Clotilde) (77 ans), veuve Dardé, belle-mère de Rouquet, limonadier. Trois jours après (24 janvier), c'était l'autre cafetier, Fabre, qui perdait sa belle-mère, Gros (Adèle), veuve Fontvielle (66 ans). Le 12 février, Salvagnac (Hippolyte) perdait sa mère, Tubière (Angélique) (86 ans).

L'état sanitaire est excellent. Il n'y a de malade que Mlle Rudel (Berthe), dont l'état, d'abord alarmant, s'est beaucoup amélioré.

Temps. — Après les trois ou quatre jours de grosses pluies mi-décembre, le temps s'est mis et est resté au beau jusqu'à fin janvier, à part les nuits froides avec légères gelées blanches (barbaste); c'était une température plutôt printanière qu'hivernale. Nos gaies journées ensoleillées contrastaient étrangement avec la brume et la pluie dont vous avez tant souffert sur le front. Commencement février, la température s'est refroidie et il y a eu deux ou trois jours de grosse pluie qui sur le plateau était de la neige. Un fort vent du nord s'est mis à souffler, atteignant ces jours-ci la violence d'un véritable ouragan comme on en avait peu vu à Soubès. — En somme, jusqu'ici nous n'avons pas eu d'hiver et n'avons vu la neige que de loin.

Travaux agricoles. — Grâce à ce beau temps plutôt anormal et nuisible à la campagne, la végétation est beaucoup trop avancée, ce qui la met à la merci d'une gelée possible. Les amandiers sont en pleine floraison, les autres arbres fruitiers bourgeonnent fortement. La vigne commence à pleurer. La cueillette des olives a pu se faire dans les meilleures conditions; elle a été abondante, mais de qualité médiocre. L'huile d'olive se vend 45 francs la mesure de 20 litres.

Vie économique. — Les denrées sont de plus en plus chères, mais presque rien ne manque. La chaussure a augmenté de près d'un quart et telle paire de souliers qui coûtait 15 francs en vaut 20. Les pommes de terre coûtent en gros de 18 à 20 francs les 100 kilos. Une côtelette de mouton qui valait autrefois 30 centimes se paie de 40 à 50 centimes. Les légumes secs ont presque doublé de prix, comme d'ailleurs le sucre. Le riz et le café n'ont pas augmenté; le pain se paie à Soubès 85 centimes les 2 kilos, 90 centimes et 95 centimes à Lodève, 95 centimes et 1 franc à Montpellier. Le lait de vache, 40 centimes. Les cochons gras, de 120 à 125 francs les 50 kilos. Les jeunes cochons à élever, 5 francs le kilo. Le vin se fait de plus en plus rare à Soubès, presque tous les propriétaires ayant déjà vendu. Le prix actuel est de 70 francs, avec tendance à la hausse. Ces jours-ci nous avons réuni en caves communes les quantités inférieures à 15 hectolitres des vins réquisitionnés pour l'armée à Soubès. Les caves communes sont celles de Rolland pour le Bary, de Camillière et d'Alaux pour la Ville et le Terral, de Guion pour la Coural, de Bourguy pour la Basse-Coural et Pécoules. L'intendance a promis d'enlever ces vins courant mars et d'en payer à ce moment la totalité ou au moins un fort acompte. Il sera accordé aux propriétaires une bonification de 5 % pour les soins et en compensation des déchets.

Faits divers. — Vers le milieu de janvier, la maison de Varatges (Luc), récemment achetée par Delfau (Brutus) et heureusement inhabitée, s'est écroulée, ensevelissant sous ses décombres quelques bottes de foin et quelques meubles appartenant à Renaud (Marie). Le 15 février, tandis que sévissait un véritable ouragan, un feu de cheminée chez M. Poujols a jeté l'alarme dans le quartier. Grâce à une prompte et énergique action, tout danger semblait évité, lorsque, à la tombée de la nuit, on s'aperçut que le toit de Mme veuve Pascal, sur le Terral, commençait à brûler au-dessus du grenier à fourrage. Nouveau branle-bas. Une poutre traversant le mur mitoyen avait amené le feu qui heureusement fut aussitôt éteint avant que la violence du vent ait rendu un grand malheur impossible à conjurer par un temps pareil. Le 17 janvier, nous avons reçu à Soubès trois rapatriés des régions envahies du Nord et un de la Meuse, prisonnier civil en Allemagne. Ils ont été logés tous les quatre dans la maison d'Astruc (Blanche), à l'Aire. Deux de ces rapatriés sont repartis le 2 février, l'un pour Lodève, l'autre chez des parents dans l'Indre-et-Loire.

Nos mobilisés. — Tous sont déjà venus en permission au moins une fois. Quelques-uns deux fois. Tous les auxiliaires ont été appelés. Barrière (Émile), réformé n° 1, est en résidence à Lyon. Gendarme (Henri), versé dans l'auxiliaire, est à Grenoble, ainsi que Bonnel (Georges), incomplètement remis de ses blessures. Orssaud (Zéphirin), en traitement à Valras-la-Plage pour bronchite, a pu obtenir quelques jours de convalescence qu'il a passés à Soubès. Gros (Denis), légèrement blessé, est reparti sur le front après quelques jours passés chez lui. Le Dr Varatges (Léon), à la suite de l'envahissement de la Serbie, est rentré en France fin janvier, puis, après une courte visite à sa mère à Soubès, est reparti pour Corfou. Cartayrade (Ismaël), à peu près remis de ses nombreuses blessures, est encore en traitement à Cannes, mais a eu plusieurs permissions pour venir voir sa famille. Delort (Joseph), au retour de sa permission fin décembre, est tombé légèrement malade et se trouve encore dans une ambulance. Le 15 janvier, Trahine (Paul) et Sérieys (Jean), de la classe 1917, ont été incorporés tous les deux au 2e zouaves à Oran (Algérie). Sirven (Jean), guéri de sa blessure, est près de repartir après quelques jours de permission qu'il vient d'avoir. On est toujours sans nouvelles de Lassalle (Gustave). On a les plus vives inquiétudes sur le sort de Rouquet (Éloi), que certains disent avoir été fait prisonnier en Artois.

Citation à l'ordre du jour. — M. Mazeran me communique une citation qui, par ordre chronologique, a été la première obtenue, puisqu'elle fut méritée dans les premières semaines des hostilités. C'est celle qui fut attribuée à son fils, mort pour la France le 19 août 1914.

« Mazeran (François-Antoine), lieutenant au 5e régiment colonial. Officier d'une très grande bravoure. Avait témoigné dans un combat acharné de très belles qualités militaires. A été tué tandis qu'il se lançait à la tête de sa section à l'assaut d'une batterie allemande. »

Veuillez agréer, chers Combattants, les meilleurs souhaits et une bonne poignée de main de vos petits amis et de votre instituteur.

Échos de Soubès n° 8.

Soubès, le 20 avril 1916.

Chers Amis,

Pour la deuxième fois depuis la fatale mobilisation, le printemps a ramené le soleil, la vie, la verdure et les fleurs dans nos chères campagnes de Soubès où l'hiver, pourtant bénin, semblait avoir semé la mort et la désolation.

Deux fois, l'hirondelle est revenue annoncer la fin des frimas et le commencement de jours meilleurs. Et vous n'étiez point là pour assister à ce renouveau de la nature ! Et l'oiseau printanier ne vous a point frôlés de son aile, sur les routes ou dans les champs où il avait l'habitude de vous rencontrer pendant votre travail quotidien. Sous votre toit hospitalier qui abrite son nid, il a entendu prononcer votre nom, mais n'a pas reconnu votre voix, dans le groupe attristé qui causait sur le seuil de votre porte, à la douce fraîcheur des après-souper.

Pour la deuxième fois les violettes et les pâquerettes ont refleuri sur les tombes, jusqu'ici pieusement entretenues, de nos chers Soubésiens, morts pour la France, à Malancourt, à Avocourt, à Virginy et en Alsace reconquise. Peut-être qu'à l'heure actuelle quelqu'une de ces tombes a été bouleversée par les récentes batailles, arrosée du sang d'autres martyrs du devoir patriotique, piétinée par l'ennemi...

Mais si la cendre des héros peut être dispersée au vent, leurs exemples restent et engendrent d'autres héros comme ceux de Verdun... Gardons le ferme espoir que le printemps prochain vous retrouvera tous sains et saufs à Soubès !...

État civil. — *Naissance :* Aucune naissance à Soubès; mais à Lyon notre compatriote Barrière (Émile) a accueilli avec grand plaisir la naissance de son petit garçon, le 5 mars.

Décès : Deux décès depuis le mois de février. Le 23 mars, Taly (Louis-Auguste), photographe à Romans, frère de Taly (Gaston), chez qui il est mort, presque subitement. Son corps a été transporté à Romans. Le 27 mars Gros (Firmin) [76 ans], père de Gros (Jules).

État sanitaire très bon ; aucun malade pour le moment.

Temps. — La fin de février et le commencement de mars ont été froids. Le matin du Mardi gras (5 mars), le sol était couvert d'une couche de neige que le soleil a fondue presque partout dans le courant de la journée. Le temps est resté froid, avec un peu de glace le matin, pendant une huitaine, puis temps pluvieux. Quelques beaux jours fin mars et commencement avril, suivis de quatre jours de pluie abondante, à laquelle a succédé un fort vent du nord, froid et sec.

Travaux agricoles. — Si les travaux d'hiver étaient en

avance, ceux du printemps ont été entravés et retardés par le temps. Actuellement peu de labours sont faits, mais ils s'entreprennent avec ardeur. Les gelées au commencement de mars ont un peu nui aux amandiers, qu'elles ont surpris en fleurs, mais ont heureusement retardé le bourgeonnement de la vigne. Les autres arbres fruitiers semblent avoir fleuri dans de bonnes conditions. Les fourrages sont jolis. Vu la rareté et la cherté des légumes, on s'adonne activement au jardinage. L'approvisionnement en soufre et sulfate semble se faire sans trop de difficultés, mais à des prix doubles.

Vie économique. — Les vivres sont de plus en plus chers, surtout la viande. Les objets usuels augmentent aussi, et certains sont difficiles à trouver. Mais, en somme, s'il y a un peu de gêne, il n'y a pas de misère, grâce aux allocations, à l'économie et au travail. Le pain est à 90 centimes les 2 kilos. Presque tout le monde a vendu son vin. Les prix sont de 65 à 70 francs. Celui de la réquisition a été retiré dans la première quinzaine de mars. Il sera payé ces jours-ci, avec une majoration de 10 centimes par hectolitre et par quinzaine de séjour dans les caves des propriétaires, à titre d'indemnité pour le déchet et les soins.

Nos mobilisés. — Après le départ des benjamins de la classe 1917, voici que les aînés de la classe 1888, appelés le 1er avril, sont venus allonger notre liste de deux noms : Dardé (Léopold) et Gros (Augustin), tous deux affectés au 56e d'artillerie à Montpellier, où ils sont encore occupés au dressage des chevaux. Malgré la violence et le nombre des combats autour de Verdun, les Soubésiens qui s'y trouvaient s'en sont sortis jusqu'ici sains et saufs... Caisso (Cassius), pendant une reconnaissance au nord de Lunéville le 21 février, a reçu par l'éclatement d'un obus ennemi de si nombreuses blessures, que, selon les premières prévisions des brancardiers, il ne devait pas y survivre quarante-huit heures. Grâce à sa robuste constitution et aux soins intelligents et dévoués qu'il a reçus à Lunéville et à Dôle, il est actuellement hors de danger et en bonne voie de guérison, mais peu en état de reprendre de si tôt campagne. Aux félicitations qu'il a reçues de ses chefs, pour son courage et sa belle conduite, nous joignons les nôtres et formons les meilleurs souhaits pour son prompt et complet rétablissement... Caisso (Léonce), pendant plus d'un mois, a reçu dans une ambulance du front d'Artois, les soins spéciaux que réclamaient ses yeux, à la suite d'une éraflure assez grave que lui avait faite un fil de fer barbelé. Des furoncles lui sont venus ensuite, qui ont nécessité une prolongation de traitement... Catayrade (Ismaël) est rentré dans sa famille, en congé de réforme n° 1 depuis le 22 février. L'ankylose de l'épaule droite ne lui permet pas de se servir de son bras droit. Après Barrière (Émile), c'est le deuxième des glorieux mutilés que la guerre a pris pleins de force et de santé et nous rend estropiés... Delort (Joseph) a passé deux mois à l'ambulance pour bronchite, et a repris, depuis le 14 février, sa place sur le front de Champagne, avec une proposition au grade de sergent... Gros (Gustave), Orssaud (Zéphirin), Pradels (Élie), Gendarme (Henri), réformés temporairement, sont à Soubès... Rouquet (Frédéric), précédemment à Lunel, est à Marseille, au 16e escadron du train... Gros (Éloi), atteint de jaunisse, a été évacué à Auray (Morbihan) et, après une courte permission de convalescence, vient de rejoindre son dépôt. Rouquet (Éloi), fait prisonnier en Artois, donne assez souvent de ses nouvelles, qui sont aussi bonnes que possible. Bonnel (Georges) est toujours à Uriage (Isère).

Citation à l'ordre du jour. — Voici encore une citation qui porte à cinq celles qui figurent déjà sur le tableau d'honneur de Soubès. Elle m'a été communiquée le soir même où les *Échos* de février venaient d'être mis à la poste. Elle en dit long sur la présence d'esprit, le sang-froid et le courage de celui qui l'a méritée. Nos félicitations, et celles de tous les Soubésiens, à ce brave dont la gloire rejaillit sur notre village.

« Bonnel (Georges), sergent au 14e bataillon de chasseurs alpins :

« A l'attaque du 20 juillet 1915, a trouvé un passage dans les fils de fer ennemis, a sauté dans une tranchée allemande, puis pénétré dans un blockhaus, tué un officier, fait des prisonniers. A essayé de descendre un canon de 77 dont il s'était emparé ; ne s'est retiré que devant le nombre des assaillants et après avoir détruit les lignes téléphoniques. »

A ces citations nous pourrons bientôt en ajouter une autre si, comme nous osons l'espérer, notre éminent compatriote le Dr Varatges (Léon) veut bien nous communiquer le texte de celle qui lui a permis d'ajouter à ses déjà nombreuses décorations, celles de la croix de guerre et surtout de la Légion d'honneur.

Au revoir, chers amis ! Toujours bon courage et bon espoir !
Une bien cordiale poignée de main de votre instituteur.

Échos de Soubès n° 9.

Soubès, le 20 juin 1916.

Chers Amis,

Bien des fois, pendant les belles journées des mois de mai et de juin, votre imagination a dû se représenter le cher et beau pays natal, dans tout l'éclat de sa lumière estivale, avec tout l'agrément de ses sites pittoresques, avec la riche variété de ses cultures. Pendant les pénibles séjours aux tranchées, le fusil au créneau et le doigt sur la détente, pendant les longues et monotones heures de faction, l'oreille aux écoutes et l'œil au guet ; pendant l'insomnie des nuits humides, au bruit du canon et aux lueurs des projectiles ; pendant les marches fatigantes dans des régions dévastées ; pendant les étapes et les courts repos au milieu des ruines ; sur les lits de douleur des ambulances et des hôpitaux, les membres endoloris et la tête enfiévrée ; pendant l'angoissante attente des bombardements ou des assauts, bien des fois vous avez laissé votre pensée s'envoler, sur les ailes du rêve, vers votre cher Soubès qui, tel un éblouissant mirage au milieu du désert, vous apparaissait comme une fraîche et verte oasis inondée de clarté, enbaumée de parfums, parée de verdure et de fleurs, bourdonnante d'harmonie, hantée d'aimables fées vous tendant les bras. Et vous avez cru entendre le murmure des ruisseaux de Braize et de Suberlet, bruissant sous les peupliers et les saules ; vous avez erré sous les ombrages des platanes du Terral ou de la grand'route ; vous avez parcouru les coteaux escarpés des Barres, des Clauzels, de Compis, des Coutelles ou de Vinas; vous avez escaladé les traversiers de Péret ou de Canet; vous avez baigné vos lourds godillots dans l'aïgage matinal des prairies de Lergues; il vous semblait sentir vos molletières fouettées par les vigoureux sarments des vignes des Cambous, de Pabrégous, des Arques ou des Capelles; vous avez savouré, en esprit, les fruits juteux de vos cerisiers, de vos groseilliers, de vos fraisiers, respiré les fleurs de vos oliviers, admiré les vigoureuses frondaisons de vos ceps promettant un vin abondant et généreux. Vous avez supputé la récolte incertaine de vos amandiers, de vos pêchers, de vos poiriers; vous avez enfin, le cœur ému, suivi les rues de la Coural, de la Ville, du Barry, de Pécoules, saluant au passage tantôt un ami, tantôt un parent, vous mêlant aux conversations des après-souper, souriant aux jeunes gens, aux jeunes filles, à vos jeunes fiancées, franchissant enfin le seuil de votre habitation pour y voir votre place vide et enlacer dans une chaude et longue accolade ceux qui vous y attendent... Hélas! ce n'était qu'un rêve et le fracas des batailles vous a rappelés à la réalité. Puisse cette triste réalité ne pas trop se prolonger et vous laisser entrevoir bientôt les joies du retour triomphal et définitif!

État civil. — *Décès :* Le 10 juin, un terrible accident est venu jeter la consternation dans tout le village et plonger dans un deuil cruel un pauvre mère de six enfants en bas âge. M. Girard (Augustin), dit l'Auvergnat, venait d'atteler un cheval récemment acheté et incomplètement dressé. Ayant pris peur, le cheval tourna brusquement et jeta contre un platane son malheureux propriétaire, qui fut écrasé d'abord par le brancard, puis par la charrette dont la roue lui passa sur le corps. Le Dr Varatges fut appelé en toute hâte, mais constata que la mort avait été presque instantanée. M. Girard n'avait que quarante-deux ans, et, bien que mobilisé, avait été renvoyé dans ses foyers comme père de six enfants vivants. Pauvres enfants! Quelques semaines avant ce terrible accident M. Delfaut (Ernest) était décédé subitement le 24 mai, à l'âge de soixante-treize ans.

Mariage : Le 19 juin, a eu lieu le mariage de Albaret (César) avec Mlle van Elverdinghe (Euphrasie), réfugiée belge à Soubès.

Temps. — Durant le mois de mai, il y a eu trois semaines de grandes chaleurs, très favorables à la vigne, et, le 25, une bienfaisante averse, suivie d'un assez fort vent du nord, a rafraîchi la température sans nuire à la campagne. Le mois de juin a été chaud et sec, avec temps orageux et pluie les 9 et 18. En terrain non arrosable les cultures autres que la vigne ont souffert de la sécheresse.

Les travaux agricoles ont été, cette année, plus complets que l'an dernier. Presque tout le monde a fumé. Les labours, d'abord retardés par les pluies de mars, puis gênés par la dureté du sol en mai et juin, se sont pourtant exécutés et on constate avec plaisir la propreté du terrain et le bon état des vignes, aux sarments vigoureux et sains, aux grappes assez nombreuses et en pleine floraison. Les cerises ont été précoces mais peu abondantes. Elles se sont vendues de 40 à 50 francs les 100 kilos ainsi que la groseille, assez abondante. On peut dès maintenant prévoir qu'il n'y aura presque pas d'amandes, peu d'abricots et de pêches, peu de pommes, quelques poires. Récolte assez bonne de fourrage, moyenne pour les luzernes. Céréales et pommes de terre non arrosées, gravement compromises par la sécheresse. Le vin, de plus en plus rare, est au prix de 70 francs. Celui de la réquisition a été payé le 10 juin.

Certificat d'études. — Le 14 juin, dix élèves des écoles de Soubès ont obtenu le certificat d'études. Ce sont : garçons : Andrieu (Albert), Camilière (Aimé), Poujol (Edmond), Rodier (Jean). Trois filles de l'école de Mme Gros : Salles (Marguerite), Bonnel (Émilie), Derdrevet (Marie). Trois filles de l'école de Mlle Alida : Bellet (Fernande), Messine (Rose), de Liausson, Caisso (Lucienne), de Saint-Martin.

Conseil de revision. — Le 13 mai, neuf jeunes gens de Soubès, exemptés ou ajournés des classes 13, 14, 15, 16 et 17, ont passé un conseil de revision. Sept ont été déclarés bons pour le service et seront appelés en août. Ce sont : Alaux (Pierre), Clapier (Paul), Delort (André), Lassalle (François), Rouquet (Émile), Taly (Joseph), Mathieu (Jules). Deux ont été maintenus ajournés : Félix (Antoine) et Vellas (Eugène).

Nos mobilisés. — Caisso (Léonce), après vingt mois de front, est en traitement à Lodève pour maladie des yeux.

Bonnel (Georges) est en convalescence de 45 jours dans sa famille. Caisso (Cassius), transféré de l'hôpital de Dôle à celui de Besançon, se remet peu à peu de ses blessures. Truchard (Louis) a été blessé le 8 juin au fort de Vaux par une balle qui, entrée par le coude gauche, a fracturé le cubitus et s'est logée dans la paume de la main d'où on l'a extraite. Il est soigné à Corbigny (Nièvre). Rouch (Alfred) a été fait prisonnier le 24 mars et se trouve interné à Strasbourg d'où il donne fréquemment de ses nouvelles. Sirven (Jean), porté comme disparu à Vaux depuis le 1er avril, est supposé prisonnier d'après l'avis officiel et le témoignage de ses camarades, mais n'a pas encore donné de ses nouvelles.

Morts pour la France. — D'après des lettres de camarades qui l'ont vu tomber ou qui l'ont enterré, Delort (Joseph), cité à l'ordre du jour et récemment promu sergent, aurait été tué d'un éclat d'obus devant Verdun le 29 mai. Crouzet (Auguste), d'abord blessé à la jambe devant Verdun, était en traitement à l'hôpital anglais de Revigny (Meuse) et semblait hors de danger; mais son état s'est brusquement aggravé et, le 16 juin, la mairie recevait par dépêche avis de son décès, alors que sa femme était en route pour aller le visiter. Honneur à la mémoire de ces deux héros de Verdun, tombés glorieusement pour la France, et nos sincères condoléances à leurs familles affligées.

Citations. — Le Dr Varatges (Léon) a bien voulu me communiquer les citations dont il a été l'objet et qui lui ont valu la croix de guerre, la médaille des épidémies et la Légion d'honneur. Nous adressons nos meilleures félicitations au jeune et vaillant chevalier qui honore l'armée française et le modeste village de Soubès.

1° « Est inscrit su tableau spécial de la Légion d'honneur :

« Varatges (Léon-Louis-Émile), médecin-major de 2e classe.

« Services éminents pendant l'épidémie de typhus. S'était distingué précédemment aux colonnes de Tadla et des Zairs (Maroc) 1912, et au front français pendant la campagne actuelle. » (*Journal officiel* du 8 février 1916.)

2° « A montré au cours de la campagne de Serbie, aussi bien pendant l'épidémie de typhus exanthématique que durant les opérations de guerre, un réel courage et un grand dévouement. » (Le chef de la mission médicale, 31 octobre 1915.)

3° « Excellent médecin qui s'est distingué en Serbie et qui a contracté à Vido une maladie grave en prodiguant ses soins à des malades serbes. » (Général de Mondésir. Corfou, 2 mai 1916.)

Veuillez agréer, chers mobilisés de Soubès, l'hommage de notre profonde admiration pour votre longue patience et votre héroïque courage. Nos vœux de bonne chance et de bonne santé vous accompagnent. Je vous serre très amicalement la main.

Votre Instituteur et ami.

Échos de Soubès n° 10.

Soubès, le 20 août 1916.

CHERS AMIS,

La lecture de vos correspondances et les conversations avec les permissionnaires m'ont laissé l'agréable impression qu'un renouveau de confiance se manifestait en vous dans ces derniers temps. C'est que, malgré le fracas des bombardements, vous avez distingué le frissonnement des ailes de la victoire planant au-dessus des armées alliées, tantôt accourant des cimes des Carpathes aux plaines de Picardie ; tantôt volant des rives d'Asie Mineure à celles d'Italie ; tantôt allant des monts du Trentin aux ballons de notre Alsace. Et cette victoire qui, jusqu'ici, avait paru inconstante, semble bien vous sourire pour de bon, et sur son passage nos glorieux morts tressaillent dans leurs tombeaux reconquis, nos courageux blessés oublient un moment leurs souffrances pour ne songer qu'aux joies du triomphe, nos infatigables combattants affrontent gaiement les dangers pour hâter la délivrance, vos familles respirent enfin à la pensée que l'affreux cauchemar touche à son terme... Nous haussons notre confiance à la hauteur de la vôtre et, plus que jamais, nous sommes avec vous de pensée et de cœur, vous souhaitant bonne chance, bonne santé et prompt retour...

État civil. — *Naissance :* Esteban (José) [25 juillet], fils de Esteban (Pedro), sujet espagnol.

Décès : Trahine (Philomène), veuve Portefaix (Clément) [74 ans], décédée le 6 juillet. Pas de malades actuellement.

Temps et travaux agricoles. — Depuis le 20 juin, le temps s'est maintenu chaud et sec. A peine si deux ou trois orages ont provoqué quelques averses d'ailleurs insuffisantes pour combattre la sécheresse qui se fait de plus en plus sentir. La vigne est en assez bon état, mais la chaleur excessive du mois d'août a par-ci par-là endommagé quelques grappes qui commencent à se dessécher. Si avant la vendange il ne fait pas ce qu'on appelle une *saison,* le raisin mûrira mal, se gonflera peu et ne donnera qu'un rendement médiocre en jus. Il est tombé un peu de pluie le 17 août. On appréhende le manque de personnel pour la vendange ; mais on s'aidera les uns les autres et tout se fera. A peine si on a pu goûter les abricots, les prunes, les pêches, les poires. Contrairement à l'an dernier, les olives sont très rares. Il y aura des noix. La cherté des vivres se maintient sans aggravation.

Nos mobilisés. — Gros (Denis) a été blessé sur la Somme le 17 juillet d'une balle de shrapnell à l'épaule droite. Il est en traitement à l'hôpital de Saint-Lô. Félix (Léon) est resté quelque temps pour maladie à l'hôpital de Dunkerque. Il est actuellement guéri. Truchard (Louis) est à peu près remis de ses blessures, ainsi que Bonnel (George), retourné à son dépôt à Grenoble. Caisso (Cassius) est en congé de convalescence dans sa famille. Caisso (Léonce) est en traitement à Montpellier pour les yeux. Le Dr Varatges est reparti pour Corfou (17 août).

Nouvelles recrues. — Le 10 août, sept Soubésiens ont été incorporés : Delort (André) au 19e d'artillerie à Nîmes. Clapier (Léon) au 40e d'infanterie à Nîmes. Rouquet (Émile) aux chasseurs, Draguignan. Mathieu (Jules) et Lassalle (François) au 141e d'infanterie, Marseille. Alaux (Pierre) au 96e d'infanterie à Béziers. Taly (Joseph) au 3e d'artillerie à Carcassonne.

Citation. — Brigadier Caisso (Cassius) : « Brigadier très brave et très dévoué, ayant pris part, au début de la campagne, à de nombreuses reconnaissances. Dans l'une d'elles a reçu une balle qui traversa sa jambière. A assuré son service aux tranchées de première ligne, le 22 février 1916, avec le plus grand sang-froid, au milieu d'un bombardement intense. A été blessé grièvement aux deux bras, à la tête, aux reins et aux jambes. » (Q. G., 27 juin 1916.)

Une cordiale poignée de main de votre ami.

Échos de Soubès n° 11.

Soubès, le 20 octobre 1916.

Chers Amis,

Pour rester fidèle au titre de notre journal et pour répondre à vos dernières lettres, il me faut bien au moins faire allusion à l'événement qui vous a fourni, en même temps qu'à vos familles, l'occasion de me témoigner si spontanément votre sympathie. Je vous remercie bien cordialement. J'ai été bien consolé en voyant que je comptais, à Soubès et au front, tant de sincères amis, capables de se montrer publiquement. Donc, je garde mon diplôme de citoyen de Soubès, que m'a décerné M. Mazeran, un vrai Soubésien; il est signé de 130 chefs de famille de Soubès.

État civil. — *Naissance :* Gros (Henriette), née le 21 août, fille de Gros (Gustave).

Pas de décès. Aucune maladie grave pour le moment.

Temps et travaux agricoles. — Fin août et commencement septembre, quelques averses sont venues fort à propos mettre un terme à la sécheresse et gonfler un peu le raisin. « Ce n'est pas de l'eau qui tombe, disaient les propriétaires, c'est du vin et des pièces de 20 francs. » En effet, la récolte en a été meilleure. Les vendanges ont commencé vers le 15 septembre, et, grâce au beau temps, ont pu se continuer et s'achever dans les meilleures conditions jusqu'aux premiers jours d'octobre. Les raisins étaient de grosseur moyenne, mais parfaitement sains. Le vin est bien coloré, de bon goût et titre de 9° à 10°. En résultat final, la récolte n'est pas aussi abondante qu'on l'espérait en juin, mais elle est bien supérieure à celle de l'an passé. En 1915, les déclarations ont donné 3.891 hectos; en 1916, nous atteindrons certainement 6.000 hectos. Il n'existe à peu près plus de vin vieux qui s'est vendu, en dernier lieu, de 70 à 75 francs. Quelques propriétaires ont déjà vendu du vin nouveau au prix de 48 à 50 francs. Le service de l'intendance militaire réquisitionne un sixième de la récolte chez les propriétaires qui ont récolté au moins 30 hectos. Les prix de réquisition ne sont pas encore fixés. En janvier 1917, il sera donné un acompte de 15 francs par hecto de vin non encore retiré. Il sera accordé une indemnité supplémentaire proportionnée au temps de conservation dans les caves. En ce moment se fait, par une température vraiment estivale, la cueillette des olives lucques. La récolte est très peu abondante. Les prix sont de 80 à 100 francs les 100 kilos.

Nos mobilisés. — Nos jeunes recrues ont eu une permission de vingt jours pour les vendanges, sauf Lassalle (François), aspirant à Brignoles (Var), fort occupé à préparer son prochain examen pour Saint-Maixent. A la suite de sa blessure, Gros (Denis) ne peut guère se servir de sa main droite. Félix (Léon), après une courte permission de convalescence, vient d'être acheminé vers Salonique, où est déjà son frère Gabriel. Celui-ci, après un séjour de trois semaines à l'hôpital pour dysenterie, m'accuse réception des derniers *Échos* en ces termes : « C'est pour moi un pur réconfort de pouvoir lire ces quelques pages à des milliers de kilomètres de la mère patrie. On les savoure avec joie, plaisir, ivresse. J'adresse à mes chers frères d'armes un salut fraternel d'Orient. » Caisso (Léonce), guéri, est en instruction à Hyères. Caisso (Cassius), après deux mois de convalescence, vient d'être rappelé à son dépôt à Vienne (Isère). Viala (Joseph), beau-frère de Mallet, fut blessé le 13 août, sur la Somme, par une balle qui l'atteignit entre les deux épaules et, lésant la colonne vertébrale, occasionna un commencement de paralysie des membres, qui heureusement est en bonne voie de guérison. En attendant de pouvoir bientôt annoncer comme officielle sa proposition pour la médaille militaire et la croix de guerre, nous lui adressons nos meilleurs vœux et nos félicitations. Merlhou (Louis), blessé d'un éclat d'obus à la main gauche le 21 août, est soigné à l'hôpital de Poitiers où sa blessure est à peu près guérie.

Citation à l'ordre de la division. — Gros (Denis), maréchal des logis : « Chef de section brave et dévoué. N'a cessé de commander sa section, au cours de l'offensive de la Somme, avec le plus grand sang-froid. A été blessé grièvement le 16 juillet 1916. » (Le 28 août 1916. Le général commandant la division marocaine.)

A propos de cette deuxième citation et à l'occasion des publications de son prochain mariage (31 octobre 1916) avec Mlle Joséphine Jourdan, de Pégairolles, nous offrons à notre brave camarade nos sincères félicitations et nos meilleurs vœux.

Recevez, chers amis, une bien cordiale poignée de main de votre instituteur.

Échos de Soubès n° 12.

Soubès, le 20 décembre 1916.

Chers Amis,

Lorsque, le 20 décembre 1914, je vous envoyais le n° 1 des *Échos de Soubès*, je ne croyais pas avoir à vous envoyer celui d'aujourd'hui qui commence la troisième année de notre publication. Malgré qu'elle nous soit bien chère, nous n'en sommes pas, ni vous ni moi, à souhaiter qu'elle finisse ses trois ans, et, à plus forte raison, qu'elle commence son quatrième. En tout cas, constatons qu'elle a bien rempli sa mission, d'être un trait d'union entre vous tous et votre cher Soubès.

Vous me l'avez dit par lettres et de vive voix : quand les *Échos* vous arrivent, c'est une grande joie pour vous. Ils vous font réellement plaisir, et c'est pour cela que vous désirez continuer à les recevoir ; et c'est pour cela aussi que je ferai mon possible pour vous les envoyer jusqu'au bout. La collection comprend déjà douze numéros.

Beaucoup d'entre vous m'ont exprimé le regret d'en avoir

égaré quelques-uns, et le désir qu'ils auraient de pouvoir les relire et les conserver. Je crois entrer dans vos vues et celles de vos familles en caressant l'idée de les réunir, après la guerre, en une sorte de livre que, moyennant une légère cotisation, vous pourriez vous procurer et conserver comme souvenir. Qu'en pensez-vous ?

Œuvre du Sou de l'Orphelin de la guerre. — Ce titre vous fait penser au Sou du soldat qui, l'an dernier, à pareille époque, vous a valu le modeste cadeau de Noël des petits écoliers de Soubès, vos enfants ou vos frères. Cette année, avec la même générosité et le même bon cœur, ils ont pensé à l'orphelin de la guerre. Comme eux, vous comprenez certainement qu'en agissant ainsi, ils ont aussi pensé à vous. Dieu veuille que ce soit pour le moins grand nombre possible. Donc, comme l'an dernier, ils ont prélevé sur leur modeste prêt de la semaine le sou pour l'orphelin et, depuis la rentrée des classes, l'ont régulièrement apporté, chaque lundi, à leur maître ; comme l'an dernier aussi, ils ont préparé une séance qui a eu lieu le dimanche 3 décembre, avec plein succès. Ils ont pu ainsi verser la somme de 200 francs qui confère à l'école des garçons de Soubès le titre de membre fondateur de l'Œuvre méridionale des orphelins de la guerre. Cette œuvre assiste déjà deux orphelins de Soubès, par une allocation mensuelle de 6 francs. Voici le programme de la fête du 3 décembre 1916 :

PROGRAMME

Œuvre du Sou de l'Orphelin de la Guerre

SÉANCE
ARTISTIQUE ET LITTÉRAIRE

DONNÉE

par les Élèves de Soubès et les Blessés de l'Hôpital 25

le Dimanche 3 Décembre 1916, à 1 heure et demie

dans la Salle DESJARDINS, à SOUBÈS

PROGRAMME

PREMIÈRE PARTIE

1. **La Marseillaise**, par les élèves de Soubès.
2. **Honneur aux Blessés**, chœur, par les élèves.
3. Récit : **L'Alouette de Verdun**, par M. Ed. Poujol.
4. **Hymne belge**, par les élèves.
5. **Morceau de violon**, par M. Serre, infirmier à l'Hôpital 25.
6. **Hymnes russe et italien**, par les élèves.
7. **Ce que c'est qu'un Drapeau**, chanté par le sergent Lecomte.
8. Récit : **Le Petit Portrait**, par M. Camillière.
9. **Hymne serbe**, par les élèves.
10. Récit : **L'Orphelin de la guerre**, par M. G. Sauzet.

11. QUÊTE

DEUXIÈME PARTIE

12. **Les X. X. X.**, chanteurs comiques.
13. **Soldats français** (chant), par MM. Trahine, E. Poujol, R. Truchard et le chœur des élèves.
14. **Le Musicien embarrassé**, chansonnette, par M. Bidasse.
15. Récit : **Sonbès**, par M. P. Bonnel.
16. **Debout les Jeunes** (chant), par M. J. Albaret et le chœur des élèves.
17. **Morceau de mandoline**, par M. Serre.
18. Chansonnette : **Il en a Trois**, par M. A. Andrieu et le chœur des élèves.
19. **Hymne anglais**, chœur.
20. **Pantomime anglaise**, par Ver de Vase et Bob.

21. TOMBOLA

22. **Sambre-et-Meuse**, marche.

Temps et travaux agricoles. — Dans la deuxième quinzaine d'octobre, il y a eu une période d'un beau temps exceptionnel qui a favorisé la récolte des olives vertes et les semailles d'automne. Du 1er au 7 novembre, pluie assez abondante avec éclairs et tonnerre. Ensuite, beau temps, avec vent du nord qui, dans la nuit du 18 novembre, a soufflé en vraie tempête. Temps variable fin novembre, pluvieux et froid depuis le 1er décembre, avec légère couche de neige sur les hauteurs. La taille des vignes est en bonne voie. Les déclarations de récolte ont donné 6.221 hectolitres contre 3.891 en 1915. Pour la réquisition, 701 hectolitres contre 909 en 1915.

Les plus fortes déclarations sont : Pech, 193 hectolitres; Guichard, 102; Lassalle (A.), 165; Poujol, 210; Vellas, 108; Rolland, 150; Nouguier, 114; Babot (M.), 119; Roux, 210; Guion, 180; Brengues, 150; Gros (L.), 399. Les prix sont actuellement aux environs de 50 francs l'hectolitre. Rien de nouveau au sujet du vin de la réquisition, les prix ne sont pas encore fixés. La cherté des vivres va en s'aggravant. Il y a difficulté de se procurer du sucre qu'on ne vend que par petites quantités à 1f50 le kilo. Le pétrole coûte 55 à 60 centimes le litre, et on nous recommande de l'économiser.

Nos mobilisés. — Bonnes nouvelles pour l'ensemble de nos mobilisés qu'il est agréable de voir toujours en bonne mine et bonne humeur à l'occasion de leur permission. En Orient, Gabriel et Léon Félix sont en bonne santé, ainsi que le Dr Varatges qui, aussitôt rétabli, a été, sur sa demande, renvoyé en Serbie libérée. Nos blessés Caisso (Cassius) (que d'aucuns croyaient retourné au front et tué à l'ennemi) et Merlhou (Louis) sont bien rétablis.

Vialla (Joseph) commence à se servir un peu de ses membres, sans pourtant pouvoir encore marcher. A la date du 12 octobre il a reçu avis officiel de la citation qui lui attribue la médaille militaire et la croix de guerre avec palme. Nos amicales félicitations. Légion d'honneur, médaille militaire, croix de guerre, citations, etc., nos braves Soubésiens savent en prendre leur part! Au moment où j'écris, Barthélémy (Alphonse) s'embarque à Marseille pour l'Orient ou pour l'Afrique.

Citation et médaille militaire. — « Est proposé pour la médaille militaire, Vialla (Joseph-Édmond). Bon soldat ayant toujours fait bravement son devoir ; a été blessé très grièvement à l'attaque du 12 août 1916. — Signé : Joffre. »

Classe 1918. — Le tableau de recensement de la classe 1918, affiché le 17 décembre, comprend, pour la commune de Soubès, sept noms : Aubenque (Louis), Cannac (Henri), Ferrand (Jules), Gal (Camille), Poujol (Joseph), Salvagnac (Paul), Valentin (Charles).

Ferrand (Jules) et Gal (Camille) se sont engagés au 54e d'artillerie à Lyon. Ils seront incorporés le 21 décembre.

État civil. — *Naissance :* Le 19 octobre, naissance de Azémar (Alice), fille du camarade Azémar (Abel), mobilisé et combattant sur le front.

Mariage : Le 31 octobre, à Pégairolles de l'Escalette, mariage du camarade Gros (Denis) avec Mlle Jourdan. Le 28 novembre, mariage de Mlle Aubenque (Amélie), de Soubès, avec M. Mach (Andorra-Joseph), d'Aspiran.

Voilà encore une période de deux mois où il n'y a pas eu de décès.

Dans le dernier numéro d'octobre, j'ai oublié de vous signaler le décès de Vellas (Augustine), morte le 6 septembre à l'hospice de Montpellier.

En raison de la température froide et humide que nous subissons en ce moment, il y a bien quelques rhumes ou légères indispositions, mais pas de graves maladies.

Chers amis, agréez de ma part et de la part de vos enfants les meilleurs souhaits de bonne année, de bonne santé et de bonne chance. Que l'année 1917 soit enfin l'année de la victoire et du retour triomphant et définitif !...

Votre ami.

Échos de Soubès n° 13.

Soubès, le 20 février 1917.

Chers Amis,

Je commence par vous remercier de vos souhaits de bonne année pour moi, pour ma famille et pour mes élèves. Plus s'allonge cette maudite guerre qui vous a éloignés de votre cher Soubès et plus vous vous attachez à ce qui vous y unit. Les relations amicales avec votre instituteur sont au nombre des liens que vous aimez à resserrer de plus en plus. Tout en souhaitant avec vous la fin du fléau, je suis heureux et fier de remplir à votre égard et à l'égard de vos familles le rôle de trait d'union particulièrement utile en raison des circonstances. Usez-en en toute liberté; vous me faites plaisir, et, encore une fois, je vous remercie de la confiance que vous voulez bien me témoigner. Mon regret est de ne pouvoir faire davantage. Je regrette aussi de ne pouvoir répondre individuellement à toutes vos lettres si aimables, si amicales. Mais songez que vous êtes plus de cent et qu'il me faudrait un secrétaire pour y suffire. Vous le comprenez certainement, comme je comprends que vous ne puissiez pas m'écrire aussi souvent que vous le voudriez.

Temps. — Décidément il faut que cette guerre ajoute à toutes ses horreurs, celles d'un hiver très rigoureux, surtout pour vous qui avez eu à en supporter toutes les rigueurs. Après un mois de janvier tout ensoleillé, voici que le mois de février amène tout à coup la glace, la neige et un froid auquel notre beau Midi n'était pas habitué. Inutile de vous dire qu'il nous a été doublement pénible en pensant que vous souffriez bien plus que nous. Le 29 janvier, vent glacial du nord, qui aussitôt tombé a été suivi de gelée, avec givre aux fenêtres; c'était le prélude des grands froids qui ont commencé le 31 avec 5° au-dessous de zéro, glace et un peu de neige. Le 2 février, le thermomètre marquait 8° au-dessous de zéro. Le 6 février, la neige est tombée toute la journée sur la terre glacée et y est restée quelques jours, maintenant la température très froide. Enfin, une journée de pluie, le 11, a fait fondre les dernières neiges, et le temps est resté doux, même humide. Pendant cette quinzaine, les travaux agricoles ont été forcément suspendus. La végétation se trouve retardée, et ce n'est peut-être pas un mal. L'an dernier, à pareille époque, je vous disais que quelques amandiers étaient en fleur : il n'en est pas encore de même cette année!...

Vie de guerre. — Sans parler de la cherté des vivres qui augmente toujours, nous avons, pour la première fois, souffert du manque de certaines denrées. Le pétrole a fait défaut du 1er au 6 janvier, et bon nombre de familles se sont éclairées à la bougie pendant plusieurs soirées. A peine les épiciers ont-ils pu livrer quelques demi-litres de pétrole, que le sucre manquait totalement. La Commission d'approvisionnement s'en est alors procuré 160 kilos (non sans difficultés) et l'a distribué à la population (453 rations de 350 grammes au prix de 1f40 le kilo), 11 janvier. Depuis, l'approvisionnement en pétrole s'est amélioré, mais le sucre est resté rare. Une mesure gouvernementale, fonctionnant depuis le 15 février, a établi le carnet de sucre donnant droit à 750 grammes, par personne et par mois, au prix de 1f70 et 1f60 le kilo. En ce qui concerne le pain (prix 90 centimes les 2 kilos), la commune s'estime heureuse d'avoir une organisation qui lui assure un approvisionnement régulier, sans passer par des transes comme les communes voisines qui durant la période de mauvais temps se sont vues sur le point d'être dépourvues.

Autres réfugiés. — Le 4 février est arrivée à Soubès une famille française, évacuée d'un village de la Somme occupé par les Allemands. Cette famille se compose de la mère veuve et de ses deux filles, l'une âgée de vingt ans, l'autre âgée de vingt-six ans. Cette dernière, mariée et mère d'un garçonnet de quatre ans et d'une fillette de deux ans, est séparée de son mari depuis la mobilisation et n'en a jamais eu de nouvelles. Cette famille est logée dans l'immeuble Rolland au Barry.

Conseil de revision. — Le 15 janvier a eu lieu la revision de la classe 1918. En plus de Gal (Camille) et Ferrand (Jules), engagés volontaires au 54e d'artillerie à Lyon, ont été pris bons pour le service : Aubenque (Louis) et Cannac (Henri).

Mort au champ d'honneur. — Depuis le 4 décembre on était sans nouvelles de Félix Gabriel, caporal au 3e colonial, armée d'Orient. Dans les premiers jours de février, la mairie recevait avis officiel qu'il était tombé au champ d'honneur, le 9 décembre 1916, devant le village de Vlaklar en Serbie. Des renseignements complémentaires disent que, sorti sain et sauf d'une sanglante bataille, il se disposait à prendre un repos bien mérité, lorsque entendant gémir un blessé, il s'offrit à aller le relever, malgré le danger qui avait fait reculer d'autres camarades. Parvenu à grand'peine à charger le blessé sur son dos, le même coup les tua net tous les deux. Doublement honneur à la glorieuse mémoire de ce brave Soubésien, victime de son patriotisme et de son dévouement, et nos sincères condoléances à sa mère affligée et à ses deux frères Léon et Marius, combattant l'un à Salonique, l'autre sur le front français.

Nos mobilisés. — Les jeunes récupérés, Clapier, Lassalle, Alaux, Delort, Taly, Rouquet, équipés de neuf, sont acheminés vers le front. Bonnel (Georges) a également quitté son dépôt pour les Vosges. Caisso (Cassius) à Lyon et Gros (Denis) à Bordeaux, attendent d'un moment à l'autre ce qu'ils appellent la même faveur. Barthélémy (Alphonse) est à Sétif (Algérie). Sérieys (Jean) et son camarade Trahine (Paul) font partie d'une colonne opérant dans le Sud algérien contre des tribus incomplètement soumises (Tenès). Dans l'ensemble, bonnes nouvelles de tous nos autres mobilisés.

Médaille militaire. Croix de guerre. Citation. Nomination. — Le camarade Barrière (Émile), réformé n° 1, recevait le 4 janvier 1917, du général commandant les troupes de Lyon, la médaille militaire et la croix de guerre avec palme. Il était l'objet de la belle citation suivante : « Sous-officier brave et énergique, s'offrant toujours pour les missions périlleuses. Blessé grièvement le 25 août 1914 en effectuant une reconnaissance. — G. Q. G. 11 décembre. Signé : JOFFRE. »

Le 16 janvier 1916, le *Journal officiel* annonçait sa nomination de receveur-buraliste de 1re classe à Nézignan-l'Évêque, où il est installé avec sa famille depuis le 1er février. Chaudes félicitations et bonne chance !

État civil. — *Naissances :* Opsomer (Gabrielle) [15 janvier], fille d'Opsomer (Aimé), réfugié belge. Delfaud (Paul) [11 février], fils de Delfaud (Arthur), ancien garde.

Mariage : Babot (Maurice) avec Daumas (Maria), du Puech.

Décès : Mme Albaret (Noémie), épouse Revel (Léon) [21 décembre]. Fulcran (Honorine), 85 ans (24 décembre). Vergnes

(Emmanuel), 83 ans (7 février). Trahine (Florestine), épouse Pascalis, mère de Mme Guion, 79 ans (16 février).

Pas de malades dans le village.

Courage et confiance, malgré tout, chers amis ! L'hiver touche à sa fin et il faut espérer que l'heure de la délivrance approche. Veuillez agréer les meilleurs souhaits et une bien cordiale poignée de main de votre instituteur.

Échos de Soubès n° 14.

Soubès, le 20 avril 1917.

Chers Amis,

Voici le troisième printemps de guerre. Il vous trouve encore éloignés de votre cher Soubès et de vos chères familles. Après un hiver rigoureux, vos campagnes ont reverdi, vos arbres fruitiers ont refleuri, vos vignes ont bourgeonné. Bientôt ce sera un épanouissement complet et général sous les chauds rayons de notre soleil du Midi. Sauf pendant les trop courts instants de vos permissions, vous ne pourez assister à ce renouveau, à cette résurrection de votre petite patrie. Que ne puis-je, dans les plis de ces chers *Échos,* vous en donner une agréable vision qui reposerait vos regards des scènes d'horreur dont ils sont attristés ; que ne puis-je vous faire parvenir, pour vous enivrer un instant des parfums du pays natal, quelques-uns des mignons petits bouquets de violettes que vos enfants ont cueillis au bord des sentiers soubésiens et qu'ils auraient épinglés avec tant d'affection sur vos capotes fanées ; que ne puis-je lancer jusqu'à vos poitrines quelques bouffées de cet air qui, au contact des fleurs de vos amandiers, de vos pêchers, de vos cerisiers, s'est imprégné d'agréables senteurs printanières ; que ne puis-je, cueillant tous les souhaits, toutes les espérances, tous les baisers de ceux qui vous aiment à Soubès, vous les envoyer sur l'aile légère des hirondelles qui, fidèles messagères, sont revenues annoncer les beaux jours et retrouver leurs nids momentanément abandonnés sous vos toits ! Du moins, laissez-moi, comme en 1916, vous redire plus que jamais : espoir, confiance, courage ! « En ces jours de printemps et de Pâques tout nous parle de renouveau et de résurrection. » Grâce à l'héroïsme de ses défenseurs, la France aura bientôt son renouveau et sa résurrection et il me semble que les bonnes nouvelles qui nous viennent du front en sont un gage certain. Vous aurez aussi votre renouveau de bonheur, lorsque, comme les hirondelles, vous retrouverez vos chers nids de famille après une si longue et si pénible absence. Dieu veuille que ce soit bientôt et pour vous tous ! Gloire et reconnaissance éternelles à ceux qui, morts au champ d'honneur, n'auront pas cette joie, mais nous l'auront méritée au prix de leur sang !...

Temps et travaux agricoles. — Durant les mois de mars et d'avril, nous avons assisté à une véritable lutte de l'hiver contre le printemps, lutte d'ailleurs fertile en offensives et contre-attaques au profit tantôt de l'un, tantôt de l'autre adversaire. C'est ainsi que le 28 mars, on a vu le spectacle peu banal des amandiers en fleurs se dresser dans nos campagnes comme des bouquets reposant sur une couche de neige. Les 5, 6 et 7 mars, après huit jours d'un très beau temps, grande pluie, grêle, éclairs, tonnerre, tempête... puis beau temps jusqu'au 20. A cette date et jusqu'après Pâques nous avons eu du froid, des gelées, de la neige, qui, malgré quelques gais sourires du soleil et malgré le calendrier qui fait commencer le printemps au 22 mars, nous donnaient plutôt l'impression d'être en hiver. Quelques jours beaux pendant les vacances de Pâques ; mais les 16, 17 et 18 avril, un retour offensif de l'hiver a déchaîné un ouragan d'une violence inouïe, ramenant la neige sur les hauteurs voisines et un froid vif dans toute la région.

Une température si variable et hors de saison a considérablement retardé la végétation et contrarié les travaux agricoles, sans les arrêter cependant, et le courage indomptable de la population a fait des merveilles. La vigne, dont les bourgeons sont à peine visibles, a reçu jusqu'ici tous les soins désirables. Le fumier coûte 4f50 les 100 kilos, le soufre 65 francs, le sulfate 150 francs, l'engrais chimique 17 francs. La main-d'œuvre est rare et chère (homme 6 francs, cheval 15 francs). Quelques-uns pensent que, malgré tout, il pourrait y avoir des amandes. On a semé des pommes de terre beaucoup plus que d'habitude et on s'occupe beaucoup de produire du jardinage. Les enfants aident de leur mieux aux travaux.

Vie de guerre. — L'approvisionnement est un peu irrégulier à cause des difficultés de transport, mais en somme nous n'avons pas été trop privés jusqu'ici. Le sucre n'est pas toujours disponible aux dates marquées sur le carnet, mais on finit par avoir sa ration, laquelle est suffisante, si on n'est pas malade et si on n'abuse pas des tasses de café. D'ailleurs on accorde un supplément de 250 grammes pour les malades, pour les enfants au-dessous de trois ans, pour les prisonniers, pour les permissionnaires. Dans les maisons où il y a un fourneau de cuisine, on a dû brûler du bois au lieu du charbon qu'il était presque impossible de se procurer à Lodève. Les pommes de terre se font rares et chères (de 35 et 40 francs les 100 kilos). Les vêtements et les chaussures ont presque doublé de prix. Malgré la cherté de la viande de porc (4f 20 le kilo), bon nombre de familles ont fait une provision. Il se fait peu de vente de vin en ce moment. Les prix sont de 65 à 70 francs. Celui de la réquisition n'a pas encore été retiré, mais on ne tardera pas. Les usines de Soubès et du Martinet ne travaillent plus.

Accident. — Le 26 mars, un grave accident est arrivé à M. l'abbé Baldeyrou qui, après la nomination de M. l'abbé Mas à Castelnau-de-Guers, assurait le service religieux à Soubès. Tandis qu'il se rendait de Soubès à Lodève, sur sa motocyclette, un cheval sortit brusquement de la vacherie Lasserre et se précipita sur lui. Sa moto fut brisée et lui-même reçut sur le corps et surtout à la tête de graves blessures qui firent craindre sérieusement pour sa vie. Heureusement, grâce à la science des médecins et aux bons soins de sa famille, le malade semble maintenant hors de danger. La population soubésienne, péniblement impressionnée par ce terrible accident, fait des vœux pour le prompt et complet rétablissement de M. le curé qui, par son dévouement, sa franche cordialité et son aimable simplicité, s'était attiré l'estime et le respect de tous.

Nos mobilisés. — On n'a que de bonnes nouvelles de tous.

Bonnel (Gaston), légèrement malade, est dans un hôpital de l'Aube. Nos jeunes récupérés qui se sont rapprochés du front ont déjà entendu le canon et, à en juger par leurs lettres, ont un moral excellent en vue des prochaines batailles. Caisso (Cassius) a été réformé n° 1 depuis la fin février et se trouve actuellement chez sa mère à Soubès. Caisso (Léonce) a quitté Cavaillon (Vaucluse) depuis un mois et se retrouve au front. Dardé (Léopold), Gros (Auguste-Rémy), Milhau (Laurent), Arnal (Auguste), des classes 88 ou 89, sont détachés aux travaux agricoles dans leur famille. Vigné (Raoul), sur la demande de la Commission d'approvisionnement, va être mis en sursis d'appel pour remplacer au four communal M. Roume. Les jeunes conscrits de la classe 18 ont reçu leur convocation pour le 4 mai : Aubenque au 7e d'artillerie, à Nice, Cannac au 58e d'infanterie, à Avignon. Le 27 mars à la revision des exemptés, Delfaud (Léonce) a été versé dans l'auxiliaire. Le 13 mars, a été fait prisonnier, en Belgique, le frère de Mme Sauzet, Oulès (Joseph), que des liens de famille et d'affection attachaient à Soubès. Les autres prisonniers de Soubès donnent régulièrement de leurs nouvelles.

État civil. — *Naissance :* Le 15 avril, naissance de Barrière (Marie-Thérèse), fille du camarade Barrière (Émile), receveur buraliste à Nézignan-l'Évêque.

Décès : 18 mars, Tiffy (Joséphine), 85 ans. Le 21 mars, Randon Henri, 65 ans. Le 6 avril, Gendarme (Charles), 93 ans.

Encore un peu de patience, mes chers amis. Cette fois la fin approche. A bientôt le plaisir de nous revoir tous.

Votre ami.

Échos de Soubès n° 15.

Soubès, le 20 juin 1917.

CHERS ABSENTS,

Poésie (Voir aux *Échos poétiques*).

Temps et travaux agricoles. — Fin avril assez beau. Pluie abondante et presque continuelle du 1er au 10 mai puis, après trois ou quatre jours d'un beau temps lourd, temps pluvieux. Forte pluie les 18 et 19 mai, faisant grossir les rivières et causant des inondations dans la plaine. Les travaux agricoles ont été retardés, mais la végétation a beaucoup profité de cette *saison* suivie d'une assez longue période de bienfaisante chaleur qui dure encore, entrecoupée d'un violent orage le 11 juin. Les vignes, les luzernes, les avoines, etc., ont rapidement réparé le retard que les froids du mois d'avril leur avaient causé, et en quelques semaines sont devenues magnifiques; soufrages, sulfatages, ébourgeonnages ont pu se faire par un temps splendide. La *sortie* des raisins semble promettre une excellente récolte et la vigne est parfaitement saine. La première coupe de fourrage a été bonne et s'est enlevée dans les meilleures conditions. Certaines vignes et le jardinage ont un peu souffert de l'abondance d'escargots, pendant la période pluvieuse. Les amandes, d'abord nombreuses, se sont un peu éclaircies, mais laissent encore espérer une récolte assez bonne. Les premières cerises étaient mûres pour l'Ascension (17 mai). En ce moment, la cueillette bat son plein. Récolte moyenne, de bonne qualité. Malgré les difficultés de transport, les expéditeurs (Fabre, Mathieu, Ferrand, Brengues) font des achats à 60, 50 et 30 francs les 100 kilos. Pour les autres fruits, l'année sera moyenne. Une ration supplémentaire de sucre sera attribuée en juin pour les confitures. Pour encourager la culture, le préfet fait distribuer gratuitement des semences (graines, haricots), Le vin se vend de 75 à 80 francs. Celui de la réquisition a été enlevé du 21 au 31 mai.

Vie de guerre. — Les rationnements et les restrictions en exécution ou en projet, la cherté toujours croissante des choses nous révèlent, chaque jour un peu plus, que la situation devient grave, mais non désespérée. On n'a pas encore assez souffert pour avoir le droit de se plaindre. Le pain, qui est à 95 centimes depuis le 7 mai, est en ce moment un peu moins blanc, mais bon cependant et en quantité suffisante. Le chocolat est presque introuvable et au prix de 90 centimes le quart. Les pommes de terre vieilles se vendent 50 centimes le kilo, et les nouvelles 60 centimes la livre. La viande, dont la vente est interdite le lundi et le mardi, est au prix moyen de 2f50 la livre.

Nos mobilisés. — A part de nombreux déplacements, rien de nouveau à leur sujet. Rouquet (Frédéric) a quitté Marseille pour Lyon ; M. le curé Lavaysse, Perpignan pour Lyon aussi. Merlhou (Louis), tombé malade en cours de permission, est à l'hôpital de Lodève depuis une quinzaine. Barthélémy (Alphonse), retour d'Algérie, est sur le front de la Somme. Viala (Charles), légèrement malade, est dans une ambulance du front. Son frère Viala (Joseph), dont les blessures vont de mieux en mieux, a été transféré de Paris à Montpellier. Clapier (Marius), auxiliaire, est en sursis pour travaux agricoles. Nos prisonniers vont tous bien mais réclament des colis de vivres qui ne leur parviennent pas très régulièrement. Delfaud (Léonce), auxiliaire, a été incorporé le 15 mai à Montpellier (C. O. A.).

Mort au champ d'honneur. — Bien que ce ne soit pas encore officiel, il n'est que trop certain que le nom de Truchard (Louis) doit s'ajouter à la liste des héros soubésiens tombés au champ d'honneur (16 avril). Honneur à sa mémoire et nos cordiales condoléances à sa famille.

Citation. — Voici la citation à l'ordre de la division, qui attribue la croix de guerre au caporal Félix Gabriel : « Tombé glorieusement, tandis qu'il conduisait son escouade à l'assaut des lignes ennemies, le 9 décembre 1916. » Regrettons, avec la famille, que cette citation ne mentionne pas l'acte de dévouement, pourtant bien certain, qui a coûté la vie à notre très brave et très sympathique compatriote.

Succès scolaire. — Le 21 mai, à Montpellier, le jeune Albaret (Joseph), de notre école, a été reçu quatrième au concours départemental pour les bourses d'enseignement primaire supérieur. Grâce à ce succès et à la somme qui lui sera attribuée annuellement, il pourra continuer ses études dans une école spéciale et se préparer une situation d'avenir.

État civil. — *Décès :* Le 13 juin est mort, à l'âge de treize ans, et après une longue maladie le jeune Andrieu Albert, fils de Mme veuve Andrieu-Cappel.

Une bonne cordiale poignée de main de votre instituteur et ami.

Échos de Soubès n° 16.

Soubès, le 20 août 1917.

CHERS AMIS,

Après trois ans de guerre, je crois intéressant de mettre sous vos yeux un extrait du Tableau d'honneur des mobilisés soubésiens. Vous verrez que notre petite patrie a sa large part des deuils et de la gloire de notre grande Patrie, la France, pour laquelle nos compatriotes combattent si vaillamment.

Morts au champ d'honneur (10). — (Caisso Édouard), Fournier (Henri), Crouzet (Joseph), Delort (Joseph), Lavit (Joseph), Mazeran (Francis), Truchard (Henri), Vellas (Noël), Truchard (Louis), Félix (Gabriel).

Disparus (2). — Lassalle (Gustave), Sirven (Jean).

Prisonniers (4). — Birouste (Germain), Rouch (Alfred), Cannac (Arthur), Rouquet (Émile).

Blessés (15). — Barrière (Émile), Cannac (Henri), Félix (Gabriel), Ramond (Émile), Bonnel (Georges), Cartayrade (Ismaël), Gendarme (Henri), Sirven (Jean), Viala (Joseph), Caisso (Cassius), Delfaud (Brutus), Gros (Denis), Trahine (Jules), Merlhou (Louis), Truchard (Louis).

Légion d'honneur (1). — Dr Varatges (Léon).

Médaille militaire (4). — Barrière (Émile), Viala (Joseph), Caisso (Cassius), Bonnel (Georges).

Citations et croix de guerre (11). — Gros (Denis) [deux fois], Bonnel (Georges) [deux fois], Delort (Joseph), Varatges (Léon) [trois fois], Barrière (Émile), Mazeran (Francis), Caisso (Cassius) [deux fois], Viala (Joseph), Delort (André), Truchard (Louis), Félix (Gabriel).

Réformés pour blessures ou maladie (8). — Cartayrade (I.), Caisso (C.), Barrière (É.), Cannac (Henri), Orssaud (Zéphirin), Pradels (Élie), Gros (Gustave), Minhounac (Hubert).

Temps et travaux agricoles. — Fin juin très chaud avec orages. Par suite des rosées fréquentes et abondantes des nuits, le mildiou fait son apparition dans les vignes à partir du 25 juin. Le mal va en s'aggravant, et, à la fin juillet, la récolte est gravement compromise. Réduite à peu près à la moitié de ce qu'elle promettait au début de juin, elle paraît devoir être légèrement supérieure à celle de 1915. Contrairement à ce qui s'est passé en 1915, nos braves vignerons et vigneronnes ne se sont pas découragés et, malgré la cherté exorbitante du soufre (120 francs) et du sulfate (220 francs), ont continué les traitements. Le temps s'est maintenu moyennement chaud en juillet, avec, le 29, un fort orage qui a lavé le raisin. Pendant la première quinzaine d'août, temps fréquemment couvert, parfois frais, ce qui est très peu rassurant pour le peu qui reste de la récolte.

En revanche, les fruits sont abondants, et plus d'un permissionnaire a pu se régaler des pêches, poires, prunes qu'il a eu le plaisir de cueillir lui-même et de manger dans l'intimité du repas familial. Abondants aussi les foins et la deuxième coupe de luzerne que le temps a favorisés. La récolte de pommes de terre a été exceptionnellement bonne cette année à Soubès, car les habitants, avisés, ont compris la nécessité de se ménager le plus possible de provisions. Les jardins ont produit force légumes, et l'on plante, et l'on sème encore... Malgré l'époque un peu tardive de leur envoi, des haricots et des graines potagères distribués gratuitement par la préfecture sont en train de préparer pour l'automne un supplément de récolte bien utile.

Vie de guerre. — Toujours de plus en plus chères, les denrées alimentaires les plus indispensables n'ont cependant jamais fait défaut. Une deuxième distribution de sucre pour la confiture va être faite (500 grammes par personne). La Commission communale d'approvisionnement tâche d'atténuer le plus possible pour la population les ennuis de ce que quelques-uns ont appelé la crise du pain. Grâce au dévouement et aussi à la sage prévoyance du président, la farine n'a jamais manqué et le pain est aussi bon et d'un prix aussi bas que possible. Tandis qu'à Lodève, il se paie 1f 10 les deux kilos depuis la fin juillet, nous l'avons maintenu à

95 centimes jusqu'à aujourd'hui ; mais la cherté de la farine nous oblige à l'augmenter aussi. Nous ne mangeons pas de pain blanc, car la farine contient sa repasse et l'on y ajoute un peu de farine de maïs et de fève. Mais encore à Soubès nous avons pu améliorer la qualité par le mélange de farine ancienne qui nous restait et les étrangers trouvaient que notre pain était meilleur que le leur. Le vin de la réquisition a été payé à un prix qui revient à peu près à 50 francs l'hectolitre. En ce moment il se vend de 95 à 100 francs.

Nos mobilisés. — Merlhou (Achille) est assez sérieusement malade à Montpellier. Ferrand (J). et Gal (C.) ont quitté Lyon, le premier pour être versé au 1er d'artillerie à Sassenage (Isère), le deuxième pour le 105e d'artillerie lourde sur le front de Belgique. Bellet (L.), comme père de quatre enfants, est au dépôt de Carcassonne. Se trouvent dans leurs foyers comme détachés à l'agriculture (Caylus (A.), Gros (V.), Gal (B.), Gasc (J.), Delfaud (A.) [classe 1890] et Clapier (M.), auxiliaire R. A. T.

Médaille militaire. — Le n° 13 des *Échos* contenait la citation qui conférait la médaille militaire à Barrière (É.). En permission à Soubès, Viala (J.) me communique la sienne : « Bon soldat ayant toujours fait bravement son devoir. A été blessé grièvement à l'attaque du 12 mai 1916. » Le 14 juillet 1917, la médaille militaire était solennellement remise à Caisso (Cassius) avec la citation suivante : « Excellent gradé, très brave et très dévoué. A été très grièvement blessé le 21 février 1916 en assurant son service courageusement dans un poste avancé. » Bonnel (Georges) vient de recevoir la médaille militaire pour le prodigieux fait d'armes signalé par l'élogieuse citation que vous avez lue au n° 8 des *Échos* et que confirme la suivante : « Sous-officier d'une remarquable bravoure. S'est distingué en plusieurs circonstances, particulièrement le 20 juillet 1915, par une intrépidité et un mépris du danger au-dessus de tout éloge. » Aux nouveaux décorés, comme aux anciens, nous renouvelons nos plus chaleureuses félicitations.

Croix de guerre. — Delort (André), téléphoniste : « A fait preuve de courage et de sang-froid pendant les attaques du 20-25 mai 1917 en réparant les lignes sous des bombardements très violents de l'artillerie ennemie. » Notre ami sait faire honneur à la glorieuse mémoire de son frère Delort (Joseph). Enfin, je relève sur le journal *L'Éclair de Montpellier* la citation posthume dont a été l'objet notre jeune et très brave compatriote Truchard (Louis) : « Excellent caporal, d'un courage et d'un allant au feu qui faisaient l'admiration de tous. Tué glorieusement le 16 avril 1917 en entraînant courageusement son escouade de fusiliers-mitrailleurs à l'assaut des deuxièmes lignes allemandes sous un feu violent de mitrailleuses. » Félicitations et sincères condoléances à la famille.

État civil. — *Naissance :* Cartayrade (Henriette), fille de Cartayrade (Ismaël) [9 août].

Décès : Veuve Fil (21 juin).

Une bien cordiale poignée de main.

Échos de Soubès n° 17.

Soubès, le 20 octobre 1917.

Chers Amis,

Pour la quatrième fois la rentrée des classes s'est faite sans que vous ayez eu le plaisir d'être auprès de vos chers enfants pour leur renouveler les recommandations de sagesse et de travail qui, en pareilles circonstances, étaient toujours suivies des meilleures promesses de leur part. Seule, la maman, en pensant à vous, leur a dit : « Vous serez bien sages et vous travaillerez bien pour faire plaisir à papa. »... Et les petits écoliers, propres et dispos, l'esprit tout préoccupé des conseils de la mère, et le cœur tout plein du souvenir du père absent, ont tendu leur joue au baiser maternel et ont repris le chemin de l'école, de cette école qui fut la vôtre, et se sont assis sur ces mêmes bancs où vous vous êtes assis. Là, votre souvenir ne les quittera pas. Papas, frères, compatriotes de mes chers élèves, notre pensée reconnaissante vous suit, et votre exemple de courage, d'abnégation, d'endurance est une des meilleures leçons que je tâche de leur faire comprendre. Oh ! cette longue et terrible guerre ! Quelles impressions profondes elle laissera dans l'âme des enfants ! Et aussi quelles transformations dans leurs idées, leur caractère, leurs habitudes !... Elle a assombri leur jeunesse, mais aussi elle l'a mûrie avant le temps. Ils n'auront pas simplement vécu la guerre, ils l'auront faite à leur manière.

Temps et travaux agricoles. — La température s'est maintenue moyennement chaude pendant la deuxième quinzaine d'août. Mais dès les premiers jours de septembre il a fait un temps splendide, interrompu le 7 par un gros orage qui a brusquement grossi les rivières et raviné les chemins. Ceux-ci ont été réparés par des équipes organisées et payées par la mairie. Le temps s'étant remis au beau, les raisins ont heureusement complété leur maturité, et, vers le 20 septembre, les vendanges ont pu commencer et s'achever dans les meilleures conditions possibles. Les vendanges étaient à peine finies qu'un second orage, ou plutôt une véritable trombe d'eau s'est abattue sur la région, dans la nuit du 3 octobre, faisant déborder la Lergues plus que les fameuses inondations de 1907.

La récolte a été meilleure qu'on ne l'espérait, et elle sera à peu près égale ou à peine inférieure à celle de l'an dernier. Les ravages du mildiou ont été un peu enrayés grâce à la fréquence et à l'énergie des traitements que nos inlassables vignerons et vigneronnes ont continués jusqu'au bout sans se décourager. Néanmoins il y a eu un peu de triage à faire. Il s'est vendu un peu de vin vieux à 98 francs. Le nouveau se vend de 90 à 95 francs.

L'Intendance militaire réquisitionne un tiers des récoltes égales ou supérieures à 15 hectolitres. Les prix, non encore fixés, seront, paraît-il, ceux pratiqués dans le commerce au 1er octobre. La cueillette des olives lucques a commencé le lundi 8 octobre et semble actuellement à sa fin. Elles ont été achetées par M. Alaux (Jules) au prix de 50 francs les 100 kilos. C'est peu si l'on songe que confites elles sont vendues 3 francs le kilo par les épiciers. Il y en a en abondance ; mais la grêle et le vent en ont touché (maquados) quelques-unes qui ne sont pas acceptées à la vente. On récolte aussi les amandes, qui sont de bonne qualité et en quantité moyenne. On en a vendu à 140 francs les 100 kilos.

Vie de guerre. — Toujours le même refrain : tout augmente de plus en plus. Les haricots nouveaux se vendent 3f 50 le kilo. Les pommes de terre 40 centimes le kilo, la viande 5f 40 le kilo. Les chocolats et les pâtes alimentaires sont un peu moins chères par suite de la taxation. Le pétrole à 80 centimes le litre n'est pas toujours disponible quand on en a besoin, et les bougies de mauvaise qualité coûtent 40 centimes l'une. Le pain de froment et de maïs est à 1f 10 les deux kilos ; le Gouvernement rembourse la perte sur le prix de la farine.

Incendie. — Le 15 septembre, vers 8h 30 du soir, un incendie se déclarait au grenier à foin de l'épicerie Roume et en un clin d'œil prenait de telles proportions qu'on ne put songer à l'éteindre par les moyens dont on disposait. En attendant les secours demandés à Lodève par téléphone, toute la population s'employa de son mieux à préserver les immeubles voisins et à sauver le plus possible de mobilier et de marchandises, qui furent déposés en face au café Fabre, où dès le lendemain M. Roume put continuer son commerce. Les soldats du 81e d'artillerie lourde arrivèrent avec deux pompes et durant toute la nuit noyèrent les décombres. Le toit s'est effondré. Tout le grenier et quelques pièces au-dessous sont détruits. Les pertes pour M. Roume, qui n'était pas assuré, s'élèvent à 3.000 ou 4.000 francs. Le propriétaire, M. le Dr Rouquette, était assuré.

Actes de courage et de dévouement. — Les journaux de la région ont publié ce qui suit : Lors de l'incendie de l'épicerie Roume, le jeune soldat Ferrand (Jules), en permission du front, a fait preuve d'une présence d'esprit et d'un courage au-dessus de tout éloge. Le premier il a pénétré dans le foyer principal de l'incendie, malgré la fumée suffocante et la chaleur intense, sans se préoccuper que sous ses pieds pouvait s'effondrer le plancher et que sur sa tête pouvait tomber le toit déjà tout en feu. Et en effet, une poutre enflammée est tombée près de lui, lui a fait plusieurs blessures heureusement sans gravité. Il n'en a pas moins continué son œuvre périlleuse. Se mettant à califourchon sur une fenêtre, il saisit la lance de la pompe et dirigea si bien le jet d'eau qu'à partir de ce moment on fut maître du feu.

Autre fait dont le héros est aussi un Soubésien : Le 6 octobre, une dame âgée et infirme, étant accidentellement tombée à la rivière, était emportée par le fort courant et allait infailliblement se noyer. Le cantonnier Gros (Gustave), témoin de l'accident, n'hésita pas, malgré la double maladie de cœur et d'estomac qui l'a fait réformer, à se jeter à l'eau et réussit, après de longs et pénibles efforts, à sauver Mme Milhau d'une mort certaine. Déjà en 1905 il avait sauvé pareillement un enfant, Mathieu (Joseph), qui se noyait. Nous adressons nos amicales félicitations à ces deux braves.

Nos mobilisés. — On n'a que de bonnes nouvelles à leur sujet. Clapier (Léon), en tombant dans un trou d'obus, s'est fait un entorse au pied et après quelques jours d'hospitalisation au Havre est en convalescence à Soubès. Félix (Léon), de l'armée d'Orient, est en ce moment dans sa famille pour sa première permission d'un mois. Caramel (J.), de la classe 91, est renvoyé dans ses foyers depuis fin septembre.

État civil. — *Naissance :* Émilie Aubenque vient d'avoir deux jumeaux bien portants, à Aspiran.

Décès : Varatges (Arthur) (58 ans), le 23 septembre.

Échos de Soubès n° 18.

Soubès, le 25 décembre 1917.

Chers Amis,

Je pourrais commencer ce numéro en vous citant la page élogieuse consacrée aux *Échos de Soubès* dans le rapport officiel sur l'exposition « L'École et la Guerre », qui a eu lieu à Paris du 6 au 20 mai 1917, et où figurait la collection des treize numéros déjà parus à cette époque. En voici quelques extraits : « Ce n'est pas à Soubès, petite commune de l'Hérault, que la loi sur l'obligation scolaire a été méconnue. Elle compte près de 100 mobilisés qui, possédant tous une instruction primaire suffisante, sont en mesure de lire le journal manuscrit dû à la curieuse initiative de l'instituteur... Ce journal, animé du souffle de l'air natal, est attendu avec impatience, lu avec avidité. Un soldat de Soubès répondait, un mois avant sa mort, du front de Salonique :

« C'est pour moi un réconfort, de lire ces chères pages, à des « milliers de kilomètres de la mère patrie. Je les savoure avec « joie, avec ivresse. » La lettre de l'instituteur de Soubès est franchement amicale avec une pointe de poésie.

« La collection de ces feuilles mérite d'être conservée comme exemple original de la contribution du village à la guerre et à l'état moral des troupes. » (*Revue Pédagogique*, octobre 1917, p. 369.)

Quoique ces éloges officiels ne me laissent pas indifférent, je leur préfère de beaucoup les quelques mots pleins de cordialité par lesquels vous voulez bien me dire que les *Échos* vous font plaisir.

Et allez, chers *Échos*, pour la quatrième fois, porter à nos braves combattants soubésiens nos meilleurs souhaits de bonne année, de bonne chance et de bonne santé. Puisse l'année 1918 être l'année de la victoire, de la paix et du retour définitif au foyer !

Un geste patriotique. — « La veille de la Toussaint, les petits garçons de l'école communale, sous la conduite de leur maître, se rendaient au cimetière. Ils portaient tous, qui un bouquet de chrysanthèmes, qui une branche de laurier ou de chêne ; les plus grands portaient une couronne de fleurs artificielles achetée par souscription. Arrivés au pied de la principale croix du cimetière, la couronne fut suspendue à l'arbre sacré au-dessus de celle que le Conseil municipal y fit suspendre le 4 novembre 1914.

« On y lit ces mots touchants : « A leurs aînés, les jeunes « gens de Soubès. » Et sur un ruban tricolore qui la traverse en diagonale, le millésime 1917... Puis toutes ces petites mains d'enfants groupèrent en massif, au pied de la croix, les chrysanthèmes, les branches de chêne et de laurier dont le langage est si symbolique. Les chrysanthèmes qui sont les fleurs des morts, disent que les petits de Soubès pleurent leurs aînés disparus ; mais le laurier et le chêne proclament qu'ils admirent leur vaillance et qu'ils veulent récompenser leurs vertus civiques. » (M. P., décembre 1917.)

Temps et travaux agricoles. — C'est le moment de rappeler cette réflexion que j'ai entendue souvent : « Le printemps est beau partout ; mais l'automne n'est beau que dans notre Midi. » Ce n'est pas vous qui direz le contraire après avoir souffert de l'humidité glaciale des nuits, du brouillard épais ou de la pluie froide des jours pendant les quatre automnes que vous avez passés loin de Soubès. Ici, les nuits sont fraîches, mais, le jour, quel gai soleil !... Et c'est cela depuis le mois d'octobre jusqu'au mois de janvier !... Quelques ondées bienfaisantes qui amollissent la terre et facilitent les semences et le *déchausselage* des vignes. De temps en temps, un peu de *barbaste* que lèchent les premiers rayons du soleil ; par extraordinaire un peu de glace qui miroite aux abords de nos fontaines et craquète sous les pas des enfants accourus en curieux ; enfin plus rarement encore quelques flocons de neige qui voltigent dans l'air comme des papillons et s'évanouissent en touchant terre : tels ont été jusqu'ici l'automne et l'hiver à Soubès. On en a profité pour avancer le plus possible les travaux de la saison. Beaucoup de vignes sont déjà taillées, déchaussées, labourées et fumées. La cueillette des olives noires vient de commencer et s'annonce comme très abondante. Il vient d'arriver en gare de Lodève 2.400 kilos de sulfate de cuivre, représentant à peu près la moitié des commandes faites à la mairie, au prix de 2 francs le kilo. Le soufre ne tardera pas. Le vin de la réquisition se paiera 8 francs le degré. Les déclarations de récolte en 1917 ont donné le chiffre de 4.650 hectolitres, contre 6.221 en 1916. On a réquisitionné 1.118 hectolitres contre 701 en 1916. Il s'est vendu du vin nouveau au prix de 85 à 90 francs l'hectolitre. Voici quelques déclarations. Le chiffre entre parenthèses indique la déclaration en 1916. Azémar (Hippolyte) 120 (120), Babot (Maurice) 77 (119), Portefaix 130 (155), Fabre (Félix) 112 (95), Guion 150 (180), Gros (Léopold) 165 (400), Lassalle (Auguste) 120 (165), Nouguier (Aubin) 150 (114), Pech (François) 160 (193), Poujol (Edmond) 120 (210).

Vie de guerre. — L'approvisionnement en pommes de terre est difficile et, à un moment donné, il en a manqué chez les épiciers et même à Lodève. Le pétrole a aussi manqué, et, pour s'éclairer, plus d'un habitant a été obligé d'avoir recours à la bougie, aux lampions à huile, etc. Les rares habitants qui engraissent un cochon (une dizaine) ont ramassé des châtaignes ou des glands. Les cochons gras se vendent environ 200 francs les 50 kilos. La rareté et la cherté des grains ont amené la cherté de la volaille (3 francs la livre) et des œufs (50 centimes l'un).

Nos mobilisés. — Ils sont tous en bonne santé et, malgré l'hiver, en bonne humeur et bon moral. Merlhou (Louis), Ferrand (Jules), Bonnel (Georges), Rouquet (Émile), sont en Italie, et leurs lettres disent l'enthousiasme avec lequel ils ont été reçus par les populations et par les soldats. Nous souhaitons bonne chance à ces nouveaux héros des campagnes d'Italie. Merlhou (Achille) est dans sa famille en réforme temporaire. Viala (Joseph), en convalescence à Soubès, reprend peu à peu des couleurs et, s'aidant d'une canne, peut se promener dans nos rues, entouré de la sympathique vénération qui est due à nos glorieux mutilés. La population a été très émue par le décès de Vernhet (Joseph), mari de Poujol (Laure), dont le mariage avait été célébré à Soubès en 1913. Prisonnier dès le début de la guerre, il fut atteint de tuberculose et rapatrié le 13 juillet 1917. Il est mort à Montpellier le 22 novembre 1917. Nos condoléances à la famille.

Feu de cheminée. — Le 10 décembre, un feu de cheminée s'est déclaré chez Mme veuve Gros (Augustin), au bas de la Coural. Malgré la pluie, des secours furent promptement organisés et le feu fut éteint sans dégâts.

État civil. — *Naissance :* Le 28 novembre, Pradels (Pierre), fils de Pradels (Élie) et de Alaux (Julie).

Mariages : Le 1er décembre, Pech (Jean) et Gendarme (Georgette) qui vont demeurer à Corneilhan. Le 15 décembre, à Lodève, Marcorelles (Paul) [mobilisé au Maroc] et Gros (Gabrielle), institutrice à Lodève.

Décès : Le 2 décembre, Pavot (Jean-Baptiste), rapatrié du Nord.

Chers Amis,

Jusqu'ici la guerre a été dure pour vous. Elle commence à être dure pour nous. Mais si, pendant quatre ans, vous avez tout supporté avec un courage héroïque, pouvons-nous faire autrement que de vous imiter et hausser notre moral à la hauteur du vôtre? Non, malgré les semeurs de découragement, dont la plupart n'ont personne à la guerre ou sont les complices, sans le savoir, des espions boches grassement payés, nous ne nous plaignons pas. La paix, nous la désirons ardemment ; mais serait-ce une véritable paix, celle que nous proposent nos ennemis ? Non ; ce serait le pire esclavage. Et ce serait inutilement que vous auriez souffert pendant quatre ans et que nos braves seraient tombés au champ d'honneur. Et vous-mêmes et vos enfants seriez obligés de vivre, de travailler, de combattre peut-être sous le fouet allemand. Vous ne le voulez pas !... Ni nous non plus !...

Échos de Soubès n° 19.

Soubès, le 20 février 1918.

CHERS AMIS,

Après vous avoir, pour la quatrième fois, souhaité la bonne année, je dois aussi, pour la quatrième fois, vous remercier des souhaits si pleins de cordialité par lesquels vous y avez répondu. Vous ne sauriez croire combien je suis touché de ces marques de sympathie qui me viennent de votre part. Merci, chers amis, en mon nom et au nom de ma petite famille que, dans votre délicatesse, vous voulez bien ne pas oublier. Et puisque nos chers *Échos* sont la cause et le moyen de nos relations amicales, ne soyez pas étonnés si je vous dis, encore une fois, que je prends autant de plaisir à vous les envoyer que vous à les recevoir.

Noël de guerre. — Oh ! qu'il a été triste, notre quatrième Noël de guerre ! C'est d'abord la température qui, subitement, est devenue très rigoureuse, nous amenant les flocons de neige et la gelée. Si ce froid inaccoutumé a rassemblé plus intimement toute la famille autour de l'âtre où flambait la bûche traditionnelle, il nous a privés du plaisir de voir nos petits égayer la rue de leurs allées et venues, en ce jour qu'on a si justement appelé la fête des enfants. Pas de messe de minuit : et le carillon n'a pas jeté dans l'air glacial de la nuit sa note si gaie et si poétique ! Et nos petits enfants, en mettant leurs sabots dans la cheminée, se demandaient anxieusement si le petit Jésus viendrait cette année. Et tout le monde s'est couché frileux sans avoir fait le joyeux réveillon. Pas d'offices pendant le jour : et l'on n'a pas vu les gens endimanchés défiler sur notre *montée* de l'église et causer par petits groupes. Triste Noël de guerre, vous dis-je. Mais l'avez-vous passé plus gaiement que nous?...

Concert-conférence du 3 février 1918. — Chargé par l'Administration de donner quelques conférences de propagande patriotique, j'ai visité Poujols, Pégairolles, Saint-Étienne, Saint-Michel, Lavaquerie, Saint-Pierre. Ma septième conférence a été pour les Soubésiens et j'ai été particulièrement heureux de leur donner de vive voix les encouragements et les bons conseils que les *Échos* vous apportent tous les deux mois. Le 3 février, toute la population se trouvait réunie dans la grande salle du café Fabre (Terral). M. Signoret, inspecteur des écoles, présidait, entouré de la municipalité. Les élèves de l'école des garçons ont exécuté quelques chants et récité quelques poésies d'actualité qui ont vivement intéressé l'assistance. L'entrée était gratuite, mais la vente des billets de loterie et la quête ont produit plus de 100 francs au profit des orphelins de la guerre. La conférence, qui a duré près d'une heure, a été écoutée avec une sympathique attention. Elle peut se résumer ainsi : *La propagande allemande, les crimes allemands, la paix allemande.* Elle s'est terminée par quelques conseils pratiques sur la manière dont l'armée de l'arrière doit aider l'armée du front à obtenir la paix par la victoire : *réfléchir, tenir, agir, s'unir.* De semblables réunions sont très profitables dans les villages : elles entretiennent l'union et la solidarité; elles sont un repos dans les angoissantes préccupations de l'heure présente; elles maintiennent ou relèvent le moral du peuple.

Un as. — Il ne s'agit pas d'un aviateur, mais d'un chasseur soubésien, et il se nomme Astruc (Adrien). Il a tué trois sangliers. Les deux premiers, tandis qu'il chassait seul : 15 septembre et 3 janvier; le troisième, dans une battue. Les deux premiers lui ont rapporté chacun 50 francs de prime du Gouvernement et 20 francs du département, sans compter la viande qu'il a vendue à la population ou donnée à ses amis, parmi lesquels il a bien voulu me compter, ce dont je le remercie.

La vie de guerre à Soubès. — Elle devient de plus en

plus dure, mais non encore insupportable. Nous avons passé deux mois sans pétrole et sans essence, et nous ne savons pas quand nous en aurons. Quelques charretiers ont amené des pommes de terre qu'ils ont vendues de 45 à 55 francs. C'était exagéré. Mais la population, dépourvue totalement, les a enlevées en bénissant presque ces exploiteurs qu'elle aurait dû lapider. Accapareurs et exploiteurs sont en ce moment la grande plaie de l'arrière. Plus favorisés que certaines communes, nous n'avons pas eu encore de jours sans pain. Rationnés à 333 grammes par jour et par personne depuis le 1er février, nous le sommes à 300 depuis le 21 février. On nous annonce la prochaine expédition d'un quart des commandes de soufre trituré au prix de 71 francs les 100 kilos. Par l'intermédiaire de la mairie, il a été demandé à la préfecture de l'avoine pour les chevaux et pour la semence. Il a été aussi demandé des pommes de terre pour semer, au prix de 38 francs les 100 kilos.

Temps et travaux agricoles. — A partir du 23 décembre jusque vers le 5 janvier la température est restée très froide, atteignant 6° au-dessous de zéro. Il est tombé un peu de neige qui n'est pas restée plus d'un jour ; mais chaque nuit épaississait un peu plus la glace qui, en certains endroits de la Coural, rendait la circulation difficile. Le long de la route de Lodève, les rochers, avec leurs chandelles, ressemblaient à des orgues. Après le 5 janvier, le dégel a commencé et le temps est resté pluvieux jusque vers le 20, époque où le gai soleil a reparu, ramenant des journées vraiment printanières, pendant lesquelles les travaux, interrompus depuis un mois, ont pu reprendre. Il n'était que temps. Les olives n'étaient pas toutes cueillies, et beaucoup de vignes n'étaient ni taillées, ni labourées, ni fumées. On s'est remis à l'œuvre avec une ardeur nouvelle. Ces jours-ci, la température s'est de nouveau refroidie.

Nos mobilisés. — Après quelques jours d'hospitalisation à Nice, pour bronchite, Aubenque (Louis) a passé un mois de convalescence dans sa famille. Ferrand (Jules), de l'armée d'Italie, a été blessé légèrement d'un éclat d'obus à la jambe gauche lors de l'attaque du mont Grappa (30 décembre 1917). Guéri après quelques jours de bons soins dans un hospice de

Milan, il est actuellement en convalescence d'un mois, à Soubès. Lassalle (François) a été blessé le 7 février d'un éclat d'obus au bras droit. Il est soigné dans une ambulance du front et sa blessure est en bonne voie de guérison, puisqu'il a pu écrire lui-même à ses parents. Nous saluons respectueusement ces jeunes et vaillants héros soubésiens dont le nom vient s'ajouter sur notre tableau d'honneur à la liste des glorieux blessés pour la France. Taly (Joseph) est dans l'armée d'Orient, secteur de Monastir, depuis le 10 janvier, avec Félix (Léon) retour de sa permission. Vellas (Eugène), du service auxiliaire, a quitté le fort de Vancia pour un parc d'autos-canons, près du front. Gros (Denis), atteint de sciatique, est toujours à Lodève, hôpital n° 25. Rouquet (Albin), de la classe 1919, s'est engagé au 56e d'artillerie à Montpellier, et a été incorporé le 8 janvier.

État civil. — *Naissance :* A Pégairolles, le 23 décembre, Gros (Yves), fils de Gros (Denis) de Soubès.

Décès : Le 4 janvier, Cappel (Célina), épouse Crouzet (71 ans).

Malades : Vigné (Jules) (assez gravement), Rouvière (Edmond) (attaqué de paralysie partielle), Berthomieu dit le Parisien (attaque de paralysie).

Cordiale poignée de main de votre ami.

Voici le programme du Concert-Conférence du 3 février 1918.

PROGRAMME

CONCERT-CONFÉRENCE

du 3 Février 1918

PROGRAMME

1.	La Marseillaise	ROUGET DE LISLE.
2.	Les Enfants et la Guerre	J. S.
3.	Chanson d'Alsace	X...
4.	Chers Absents	J. S.
5.	Le Son du Cor	VIGNY.
6.	L'Autre Verdun.	BOYER.
7.	Les Bœufs	DUPONT.
8.	Petite Mère.	X...
	Petit Père	J. S.
9.	L'Écho.	J. S.
10.	Soubès.	J. S.
11.	Ah ! Vous dirai-je....	X...
12.	Les Sabots	BOTREL.
13.	Mon Pays	X...

QUÊTE

pour les Orphelins de la Guerre

CONFÉRENCE

Leur Propagande - Leurs Mensonges - Leur Paix

Échos de Soubès n° 20.

Soubès, le 20 avril 1918.

Chers Amis,

Ce n'est pas sans une certaine émotion que je vous envoie ce numéro 20 de nos *Échos*. Il vous trouvera pour la plupart faisant face à cette formidable ruée de nos ennemis, à qui la trahison des Russes a permis ce dernier effort. Puisse cette feuille, venue du pays natal, vous trouver tous en bonne santé, et vous procurer par sa lecture un peu de repos, au milieu du fracas de la bataille ! En tout cas, plus que jamais, elle vous apportera notre admiration pour votre héroïque courage, notre reconnaissance pour l'œuvre de salut national à laquelle vous vous sacrifiez, les sentiments d'affectueux souvenir de tous ceux qui, à Soubès, pensent à vous, et nos meilleurs vœux de bonne chance pour que vous sortiez sains et saufs de cette lutte qui paraît bien devoir être la dernière. Ainsi donc, tandis que le printemps fait renaître à la vie vos belles campagnes de Soubès, voici que les engins meurtriers font planer la mort sur vos têtes; tandis que la verdure et les fleurs reparaissent partout et semblent nous inviter à la joie et à l'espérance, la mitraille, le fer et le feu répandent autour de vous la souffrance et la désolation ; tandis que vos enfants, vos épouses, vos vieux parents profitent des beaux jours ensoleillés pour reprendre avec une nouvelle ardeur le noble travail de la terre, nos malheureux frères du Nord se voient obligés, par la force brutale, d'abandonner leurs foyers détruits et leurs champs dévastés. Tout cela est bien triste et, malgré notre tranquillité actuelle, nous ne pouvons faire moins que d'y penser dans un sentiment de pitié, de fraternité et de solidarité.

Notre monument : Aux enfants de Soubès morts pour la patrie. — Si, à Soubès, la pensée de tous est avec les braves compatriotes qui luttent et souffrent pour nous, nous conservons aussi le souvenir attristé et reconnaissant de ceux qui sont morts pour nous. Des fleurs et des couronnes sont déposées en leur honneur à la croix principale du cimetière, en attendant que leurs noms, à jamais glorieux et immortels, soient gravés sur un monument commémoratif. Ce monument sera une œuvre de reconnaissance et de pieux souvenir de la population soubésienne tout entière. Dès le mois d'août 1914, la Commission de ravitaillement avait décidé d'y consacrer les bénéfices qu'elle pourrait réaliser par le fonctionnement du four municipal.

De son côté, dans une lettre adressée à M. le maire, M. le curé exprimait le désir que ce monument fût une manifestation d'union sacrée, et s'offrait à solliciter les offrandes de ses paroissiens, ce qu'il fit aux fêtes de Pâques. A la suite de cette lettre, le 24 mars 1918, dans une réunion du Conseil municipal et de la Commission, il fut décidé ce qui suit : 1° que l'érection se ferait aussitôt après la guerre ; 2° que le Conseil municipal concéderait un emplacement dans la partie neuve du cimetière, au fond de la nouvelle allée face à la nouvelle entrée et voterait une certaine somme ; 3° que dès maintenant la souscription serait ouverte et que la Commission de ravitaillement se chargerait de recueillir les fonds, de préparer les plans et les moyens d'exécution. Déjà M. l'agent voyer Pascalis, un Soubésien dont le fils est tombé au champ d'honneur, a été pressenti pour dresser un plan-devis. Aucun projet définitif n'a été encore arrêté, et, comme secrétaire de la Commission, je noterai volontiers les suggestions que vous auriez à faire à ce sujet.

Temps et travaux agricoles. — Après une fin février très froide, le temps est resté variable avec des alternatives de gai soleil et de giboulées. Le 12 mars, orage avec éclairs et tonnerre. Le 16, tempête avec pluie abondante faisant grossir les rivières. Semaine après Pâques, pluvieuse. Le 9 avril, neige sur les hauteurs. Actuellement, temps humide qui contrarie les travaux, très en retard. Les arbres fruitiers semblent promettre grosse récolte. Les fourrages sont magnifiques.

Vie de guerre. — Deux mots la caractérisent : restrictions et cherté toujours croissantes, mais non encore alarmantes. La ration de pain a été portée de 300 à 350 grammes depuis le 10 avril. Prix du pain : 1f 25 la miche de 2kg 100, formant la ration d'une personne pour six jours. Le 17 avril, une première distribution de 1 litre de pétrole nous a permis de rallumer notre lampe après trois mois d'un éclairage quelconque. Il est très difficile de trouver du chocolat depuis qu'il est taxé. Mauvaise période pour les fumeurs, qui manquent souvent de tabac. La Commission de ravitaillement a vendu à la population 5.500 kilos de pommes de terre, au prix de 42 francs les 100 kilos (au lieu de 60 francs). Il a été distribué par la mairie 3.300 kilos de soufre trituré, au prix de 71 francs. Le sublimé est annoncé. Il y a eu aussi 2.400 kilos de sulfate en pierre que nous avons fait moudre à Lodève, au prix total de 203 francs les 100 kilos. On retire en ce moment le vin de la réquisition. Il sera payé 8 francs le degré. On a déjà touché un acompte.

Promotion et blessure. — C'est Galenc (Léopold) qui cumule ainsi les honneurs. Il a été promu adjudant fin février, ce dont nous le félicitons sincèrement. Ses nouveaux galons n'ont pas tardé à être à la peine et dès le 4 avril ils étaient teints de son sang. Tandis qu'il entraînait ses hommes à l'assaut d'une crête, l'adjudant Galenc recevait de graves blessures aux bras dont le droit fut transpercé d'une balle et le gauche fracturé. Il est actuellement à Royat près Clermont-Ferrand. Nous lui adressons notre amical souvenir et nos meilleurs souhaits de prompt et complet rétablissement.

A l'ordre de l'armée d'Italie. — Le 4 avril, Bonnel (Georges) veut bien m'annoncer d'Italie le nouvel exploit qui lui a valu la médaille militaire italienne et une troisième citation à l'ordre de l'armée française d'Italie, dont il me communiquera le texte dès qu'il l'aura reçu officiellement. Chargé d'exécuter un périlleux coup de main, il a si bien réussi qu'il a tué deux ennemis, en a blessé trois et a ramené quatre prisonniers valides. Rappelons que Bonnel (Georges) est déjà titulaire de la croix de guerre avec palme et de la médaille militaire, sans compter la médaille militaire du Maroc. Et maintenant la médaille militaire d'Italie !... Vous voulez donc décrocher la Légion d'honneur ? Chaudes félicitations, cher ami !...

Mort au champ d'honneur. — C'est notre brave et sympathique compatriote Alaux (Pierre), de la classe 1916, incorporé en août 1916. Il est tombé glorieusement le vendredi saint, 29 mars, devant Montdidier, et a été pieusement enterré à Royaucourt par l'aumônier qui a annoncé la triste nouvelle à M. le curé de Soubès. Nous nous associons à l'immense douleur de ses parents qui, après avoir perdu trois enfants, avaient mis en Pierre toute leur affection et toute l'espérance de leur vieillesse. Honneur et paix à la mémoire si pure de notre ami !...

Nos mobilisés. — En raison de l'offensive, il y a peu de permissionnaires à Soubès, et les lettres du front sont rares. Cependant il ne paraît pas que, pour le moment, il y ait d'autres mauvaises nouvelles. Gros (Denis) a quitté l'hôpital de Lodève et est reparti pour le Maroc. Lassalle (François), à peu près guéri de sa blessure, touche à la fin de sa convalescence de deux mois, passée à Soubès. Vellas (Auguste), de la classe 1919, déclaré bon, a été incorporé le 20 avril, au 9e d'artillerie à Castres. Bonnel (Gaston), devenu père d'un cinquième enfant le 2 avril, a été renvoyé en sursis agricole, assimilé aux classes 1890 et 1891.

État civil. — *Naissances :* Le 2 avril, Bonnel (France), fille de Bonnel (Gaston). Le 13 avril, Barrière (Fernand), fils de Barrière (Paul).

Mariage : Le 1er avril, Caisso (Cassius) avec Pera (Trinité).

Décès : Le 1er avril, Orsaud (Zéphirin), réformé par suite de maladie contractée à l'armée et dont le nom doit s'ajouter à la liste des Soubésiens morts pour la France. Le 1er avril Tronc (Émilien), dit Baptiste (80 ans). Le 3 avril, Martin (Célestine), veuve Pascal (81 ans).

Au revoir ! chers amis, et, encore une fois, bonne chance !

Échos de Soubès n° 21.

Soubès, le 20 juin 1918.

Chers Amis,

C'est encore en pleine offensive que ce n° 21 de nos *Échos* vient vous porter notre affectueux souvenir. Les lettres par lesquelles vous avez répondu au n° 20 m'ont prouvé que votre moral était vraiment invulnérable, et comme on peut dire qu'il est en raccourci ce qu'est celui de tous nos braves soldats français, nous avons tout lieu d'espérer malgré tout : oui, cette confiance qui soutient le combattant et obtient la victoire, vous l'avez tous et vous savez nous la communiquer. Soyez-en félicités et remerciés... C'est bien cela, le soldat français de 1918. Dans le doux *farniente* de la permission ou l'oisiveté du cantonnement, il peut bien lâcher quelque plainte, donner quelque signe de lassitude ; mais au moment de l'attaque ou de la défense, il contredit héroïquement ses paroles par ses actes. Certes, il en a assez de la guerre ; mais puisqu'il faut la faire pour défendre son foyer, ses vieux parents, sa femme, ses enfants, il s'oublie lui-même, il se sacrifie pour ceux qu'il aime, il fait bravement son devoir. Et ce raisonneur, ce critiqueur, ce grognard, ce joyeux viveur, devient soudain un soldat discipliné, docile, endurant... De pareils soldats peuvent bien reculer, si les chefs l'ordonnent, mais ils ne peuvent pas être démoralisés ni vaincus.

Temps et travaux agricoles. — Pendant la dernière dizaine d'avril, la température froide a considérablement nui aux arbres fruitiers et aux fourrages. Le 20 avril, je vous disais que la récolte de fruits s'annonçait bonne : quelques jours après ce n'était plus vrai. Les nuits glaciales suivies de brouillard *(neplos)* ont provoqué une coulure à peu près générale ne laissant presque aucune amande, très peu de cerises, de poires, de prunes, etc., desséchant même les feuilles au point de donner aux arbres un aspect plutôt automnal que printanier. Période de grandes pluies du 1er au 15 mai. A partir de cette date, le temps se met au beau fixe avec quelques orages, notamment le 19 mai, où la grêle fait quelques dégâts. La température a été très chaude en juin, avec prédominance du vent du nord, ce qui a maintenu la vigne dans les meilleures conditions. Aussi, actuellement, elle est parfaitement saine et permet d'espérer une magnifique récolte. Après un mois de sécheresse, une bienfaisante pluie est venue fort à propos le 16 juin amollir un peu la terre et faire grand bien aux fourrages, aux céréales et aux pommes de terre. La récolte, un peu déficitaire, des cerises a commencé fin mai. Les expéditeurs : Mathieu, Fabre, Ferrand, Puech (Basile), les ont payées de 60 à 85 francs. Les fourrages, en quantité et qualité au-dessous de la moyenne, se sont ramassés par beau temps et se vendent de 30 à 35 francs les 100 kilos. Instruits par la rareté et la cherté des pommes de terre en 1917, les propriétaires en ont planté, en 1918, beaucoup plus que d'habitude, et la plupart auront à peu près leur provision familiale. Malheureusement, les sangliers y font des dégâts considérables jusque dans les environs du village.

Vie de guerre. — Depuis fin avril, il a été possible d'acheter un peu de pétrole soit aux épiciers de Lodève, à 80 centimes le litre, soit à ceux de Soubès. Même à ce prix, c'est encore plus économique que la bougie : 4 francs le kilo. La Commission d'approvisionnement va mettre en vente du riz du Japon à 2f30 le kilo au lieu de 3 francs. Elle a aussi distribué des boîtes de lait concentré à 1f25. Malgré les rigueurs du rationnement en farine, la population de Soubès est régulièrement et assez abondamment pourvue en pain. Ce qui manque par exemple, depuis trois mois, c'est du tabac et je suis de ceux qui en souffrent. Bah ! on n'en meurt pas ! Mais vous allez rire en apprenant que bon nombre de fumeurs remplacent le tabac par du thé, de la citronnelle, des plantes plus ou moins odorantes ! Heureux celui qui, par ses relations au front ou à l'arrière, peut se procurer quelque paquet de cantine ou de luxe ! C'est un débrouillard, mais c'est aussi un camarade compatissant et charitable pour ceux qui viennent lui *chiner* une cigarette !... Faut-il ajouter qu'en cette matière il y a aussi des accapareurs et des exploiteurs ? On raconte des histoires fabuleuses à ce sujet : des paquets de 80 centimes se sont vendus 20 francs !

Nouveaux réfugiés. — Le 3 juin, sont arrivées à Soubès, venant des environs de Reims, deux familles de réfugiés qui sont logées dans l'immeuble Rolland, au Barry, et dans l'immeuble Azémar (Aimable), à la ville. L'une de ces deux familles se compose de la mère, de deux fillettes de trois et six ans et un garçon de neuf ans. L'autre famille comprend la mère et deux garçons de neuf ans et quinze ans. Les deux papas sont mobilisés.

Succès scolaires. — A l'examen du certificat d'études qui a eu lieu à Lodève le 10 juin 1918, notre village a eu l'honneur d'avoir ses trois candidats admis avec une mention. Ce sont : Trahine (Maximin), Vailhé (Louis), Truchard (Roger). De plus, l'élève Trahine s'est classé *premier* des deux cantons de Lodève et du Caylar, et a reçu, en récompense de M. l'inspecteur primaire, un bon de la Défense nationale de 5 francs.

Nos mobilisés. — Le 23 avril, dans la Somme, Merlhou (Ernest) a été fait prisonnier. Il est actuellement à Hameln (Hanovre) d'où il donne régulièrement de ses nouvelles. Son frère Louis, de retour d'Italie et actuellement en Belgique, a été blessé légèrement à la main gauche par un éclat d'obus. Lassalle (François), non guéri de sa blessure, est hospitalisé à Montpellier. Viala (Joseph), réformé temporairement, est à Soubès. Frontin (Jules), victime des gaz, est en convalescence de vingt jours à Soubès.

Citation. — Voici le texte de la citation à l'ordre de la 12e armée, obtenue par Bonnel (Georges) pour le glorieux fait d'armes qui a eu les honneurs du communiqué italien du 30 mars 1918 :

« Excellent sous-officier déjà médaillé et cité pour faits d'armes. Vient d'accomplir, avec une belle crânerie, une mission délicate et dangereuse. A donné à sa troupe l'exemple du sang-froid et du courage et a ramené des prisonniers. » Nouvelles félicitations !

État civil. — *Naissances :* Le 29 avril, Caylus (Albertine), fille de Caylus (Antonin). Le 31 mai, Milhau (Jean-Pierre), fils de Milhau (Laurent).

Décès : Le 20 avril, Valentin (Charles) [20 ans]. Le 27 avril, Lassalle (Irénée) [69 ans] ; tous deux décédés subitement.

Une bonne poignée de main de votre ami.

Échos de Soubès n° 22.

Soubès, le 1er septembre 1918.

Chers Amis,

Comme un de ces ordres du jour enthousiastes par lesquels vos chefs admirables vous félicitent de vos derniers exploits, nos modestes *Échos* d'aujourd'hui viennent vous apporter l'admiration de vos parents et de vos compatriotes de Soubès et vous dire avec quelle fierté et quelle confiance notre pensée vous suit dans votre marche victorieuse !

Cependant la joie du triomphe actuel, prélude du triomphe final, ne nous fait pas oublier les souffrances par lesquelles vous le méritez. Et tandis que sous les ardeurs torrides du soleil de juillet et d'août, nous trouvons parfois que la température est incommode, nous ne pouvons nous défendre d'un sentiment de compassion attendrie et reconnaissante en vous voyant en esprit, suant, peinant, souffrant de la soif au cours de vos marches sur les routes poudreuses et défoncées, à travers les campagnes dénudées, sans ombre, sans fraîcheur... Cette pensée s'assombrit encore par l'image des blessés et des mourants, étendus sur la terre nue, les lèvres et le front brûlés par la fièvre et par un soleil implacable. Gloire à vous, héros de la grande guerre ! Que vous êtes grands ! Que vous êtes admirables ! Et dans cette glorieuse phalange, notre cher Soubès est bien représenté. Pour nous le prouver, nous n'avons pas besoin des nombreuses citations méritées par nos braves Soubésiens ; mais elles signifient que, si vous faites tous vaillamment votre devoir, il est des circonstances où votre bravoure mérite d'être donnée en exemple.

Voici un ample bouquet de ces fleurs soubésiennes cueillies sur le champ de bataille et que je suis heureux de vous envoyer serties dans les branches de laurier.

Citations. — 1° Viala (Charles) : « Soldat très courageux et énergique. A fait preuve du plus bel esprit de sacrifice et de dévouement. Le 12 avril 1918, son caporal ayant été blessé, il prit spontanément le commandement de sa pièce et, malgré la violence du bombardement ennemi, lui a fait remplir sa mission. Aux armées, le 25 mai 1918. »

2° Azémar (Abel) : « Au front depuis le début de la campagne, a toujours fait preuve de dévouement. Dans la nuit du 6 au 7 juin 1918, a donné à tous ses camarades un bel exemple de sang-froid et de courage en assurant le ravitaillement sous un bombardement sérieux. Aux armées, le 14 juin 1918. »

3° Alaux (Pierre) : « Excellent soldat, courageux et dévoué. A été tué à l'attaque du 29 mars 1918. En campagne, 11 avril 1918. »

4° Merlhou (Louis) : « Bon chasseur, ayant toujours eu une belle attitude au feu. A été blessé deux fois dans l'accomplissement de son devoir. »

5° Galenc (Léopold) : « Excellent gradé à tous les points de vue, sur le front depuis le début de la campagne, a pris part à toutes les affaires où le régiment a été engagé, faisant partout preuve d'un réel esprit de sacrifice et de belles qualités militaires. 24 avril 1918. »

6° Boudes (Raymond) : « Excellent téléphoniste. A toujours rempli ses missions avec le plus grand dévouement et un complet mépris du danger. S'est particulièrement distingué dans la journée du 21 juillet 1918 en réparant une ligne téléphonique coupée en plusieurs endroits par un violent bombardement. »

7° Witt (Maximin) : « Caporal brancardier d'élite. S'est signalé à maintes fois par son courage et son absolu dévouement. S'est particulièrement distingué dans la journée du 25 octobre 1917, en allant relever sous un violent bombardement, au poste de secours, pour évacuer les blessés qui s'y trouvaient rassemblés. »

Mort au champ d'honneur. — Après la douloureuse gloire d'avoir déjà son fils aîné Joseph, mort pour la France, la famille Delort (Justin) pleure aujourd'hui son deuxième fils Delort (André), tué d'un éclat d'obus dans la forêt de Villers-Cotterêts, le 19 juin 1918. Paix et honneur à la mémoire de ces deux héros soubésiens, martyrs du devoir patriotique !

Respectueuse et reconnaissante sympathie à l'immense douleur d'un père qui a donné ses deux fils!...

Nos mobilisés. — Depuis plusieurs mois, Johannès (Favier) n'a pas donné de ses nouvelles. D'après une lettre du front, il aurait été blessé assez grièvement et serait dans une ambulance qui peut-être est prisonnière. Coulet (Noël) serait prisonnier depuis deux mois. Arnal (Joseph), à peine arrivé en permission à Soubès, a dû être admis à l'hôpital de Lodève pour une fluxion de poitrine, qui est en bonne voie de guérison. Bonnes nouvelles des autres mobilisés.

Classe 1920. — Quatre jeunes gens sont inscrits sur le tableau de recensement et vont passer le conseil de revision le 27 septembre ; ce sont : Bougette (Marceau), Gros (Raoul), Merlhou (Marius), Héraud (Jean).

Temps et travaux agricoles. — Deux mois de chaleur torride et de sécheresse qui, plutôt favorables à la vigne, ont été désastreux pour les autres cultures. A peine trois ondées insuffisantes le 9 juillet, le 3 août et le 1er septembre. Les 22, 23, 24 et 25 juin, un vent sec d'une force extraordinaire a fait quelques dégâts aux sarments et aux quelques rares fruits qui restaient sur les arbres. Actuellement, la vigne est assez belle ; mais s'il ne pleut pas bientôt, les raisins mûriront mal et ne se gonfleront pas. On avait planté plus de pommes de terre que d'habitude, mais la récolte a été mauvaise. Les oliviers semblent devoir produire une récolte moyenne, moins abondante que l'an dernier.

Vie de guerre. — La Commission de ravitaillement a distribué 900 kilos de riz à 2f 15 le kilo et 400 kilos de lentilles à 1f 90. Ces denrées coûtent 3 francs dans le commerce. L'approvisionnement en pain s'est maintenu régulier et assez abondant, sans que la population ait eu à souffrir de jours sans pain.

Incendies de forêts. — Les 20, 21 et 22 juillet, les reboisements de l'État depuis Saint-Privat à Saint-Pierre, sur une étendue de 15 hectares, étaient la proie du feu. Un mois plus tard, le 19 août, c'était le tour de ceux de Soubès, depuis la côte de Mollenty jusqu'à Coutelles, sur les deux versants. Les soldats du 81e d'artillerie lourde et les hommes réquisitionnés à Soubès ne purent arrêter le feu qu'après trois jours.

État civil. — *Naissances :* 30 juin : Céret (Geneviève). 12 août : Opsomer (François).

Décès : 28 juillet : Birouste, veuve Randon (66 ans). 8 août : Rouquet (Fulcrand) dit Le Pouch (62 ans).

Cordiale poignée de main de votre ami.

Échos de Soubès n° 23.

Soubès, le 12 novembre 1918.

Chant du Retour, poésie (Voir aux *Échos poétiques*).

CHERS AMIS,

Hier, 11 novembre, tandis que nos cloches de Soubès carillonnaient la victoire, il me semblait que flottaient dans l'air ces mots que vous apportent aujourd'hui nos *Échos de Soubès : Vive la France! Vive Soubès! Vivent nos poilus victorieux!*

Et les cloches disaient aussi :

Gloire à notre France immortelle !
Gloire à ceux qui sont morts pour elle !

L'heureuse nouvelle de la signature de l'armistice, transmise vers 14 heures par dépêche du préfet à tous les maires, n'a pu, par suite de circonstances regrettables, être connue de la population de Soubès que vers 17 heures au moment où les cloches se sont ébranlées. Alors les enfants se sont répandus dans les rues en agitant des drapeaux et en fredonnant le *Chant du Retour* qu'ils venaient de chanter en classe, en présence de M. l'inspecteur; tout le monde est sorti sur le pas de la porte pour échanger, entre voisins, des exclamations de joie et de soulagement : *Enfin, c'est fini! Dieu soit loué! Nos enfants, nos frères, nos époux, ne combattent plus; ils ne sont plus exposés à la mort; ils reviendront bientôt et ils sont vainqueurs!* Et, à la fin de cette belle après-midi ensoleillée, les conversations se sont continuées dans l'intimité, autour de la table de famille et près du foyer, où les chers absents viendront bientôt reprendre leur place restée libre, depuis plus de quatre ans. Le lendemain, 12 novembre, les écoles ont eu congé, et le temps, beau comme la veille, semblait lui aussi être de la fête. Saint Martin, ancien guerrier et patron de la Gaule, faisant la nique au vieux Dieu de Guillaume, avait réservé le plus beau jour de son été pour célébrer la victoire de ses nouveaux frères d'armes.

Temps et travaux agricoles. — Vers la mi-septembre, une bienfaisante pluie, atténuant les inconvénients d'une trop longue sécheresse, a gonflé les raisins et amélioré considérablement la récolte. La vendange s'est faite dans les meilleures conditions atmosphériques. La production a été sensiblement meilleure que l'année précédente. L'intendance a réquisitionné un tiers des récoltes à partir de 100 hectolitres. Pour les déclarations de 60 à 100 hectolitres, on s'est basé sur un barème allant de 6 hectolitres pour 60 jusqu'à 32 hectolitres pour 99 hectolitres. Quelques ventes sont déjà faites dans le prix de 90 à 95 francs. La récolte des olives lucques a été peu importante cette année, surtout en raison de leur mauvaise qualité. Il s'en est vendu deux ou trois chargements au prix de 50 à 60 francs. Il n'y a presque pas d'amandes dont on offre 200 francs et plus. Fin octobre et commencement de novembre, les pluies sont venues qui ont retardé les semences. On a pu obtenir, pour les propriétaires qui en ont fait la demande, de l'avoine et du blé pour semer, ainsi que du fourrage, le tout venant du ravitaillement de Montpellier.

Nos mobilisés. — Mathieu (Jules) a été blessé légèrement au genou, d'un éclat d'obus, le 14 octobre. Évacué à Lézignan d'Aude, il est actuellement guéri. Lassalle (François), intoxiqué par les gaz, était en permission quand, atteint de la grippe, il a dû être hospitalisé à Lodève. Février (Albert), maître charbonnier à Luxeuil, a été lui aussi grippé. Gal (Camille) a obtenu une citation dont il me communiquera le texte. Rodier (Lucien) est dans une métallurgie de la Loire. Aubenque (Louis), relevé de maladie, est retourné sur le front. Birouste (Germain) est rentré de sa captivité et il en a long à dire sur le compte des Allemands. Il est en bonne santé.

Mort au champ d'honneur. — Le caporal Viala

(Charles) a été tué le 10 septembre. Au front depuis la mobilisation, il avait bravement fait son devoir sans avoir reçu la moindre blessure. A sa famille et particulièrement à son frère Joseph, glorieux mutilé et actuellement malade, nous adressons nos sympathiques condoléances.

État civil. — *Naissance :* Le 6 novembre, Caisso (Jeanne), fille de l'ami Caisso (Léonce).

Décès : Le 11 novembre, Barrière (Alida) (56 ans), qui a fait tant de bien à Soubès. Le 22 octobre, Larche (Élisabeth) (72 ans), mère de Ramond (Émile). Le 2 novembre, Chivaudel (Marie) (66 ans), épouse Milhau (Auguste).

État sanitaire. — La grippe sévit, mais sans gravité. Des familles entières sont atteintes à la fois. Certaines femmes et jeunes filles font preuve d'un dévouement admirable.

III

LES ÉCHOS POÉTIQUES

Ces poésies que, pendant la guerre, les élèves ont apprises en classe ou que les Poilus ont reçues sur le front, seront pour les uns et pour les autres un souvenir de leur instituteur et ami qui les a composées pour eux.

SOUBÈS

1. Oui, je t'aime, ô *Soubès,* ma seconde patrie!
J'aime ton ciel d'azur, tout rempli de soleil,
Ta riante campagne en été reverdie,
Et tes vignes ployant sous le pampre vermeil,
Et tes coteaux abrupts, et tes plaines fécondes;
Tes bosquets pleins d'oiseaux et tes vallons ombreux,
Tes sources, tes ruisseaux aux murmurantes ondes,
Tes sentiers parfumés et tes chemins pierreux.

2. J'aime de ta Coural les façades coquettes;
De ton plaisant *Terral* les platanes feuillus;
Du *Barry,* de *Pécoul,* les terrasses discrètes,
Et de tes vieux remparts les arceaux vermoulus.
J'aime de ton donjon les tourelles antiques,
Vénérables témoins des siècles écoulés;
J'aime de ton clocher les carillons mystiques,
Appelant au saint lieu ton peuple en rangs serrés.

3. J'aime les rudes gars qui labourent ta terre,
Et ceux qui sont partis la défendre là-bas :
Ils ont un noble cœur, sous une écorce austère,
Doux agneaux au foyer, fiers lions aux combats.
J'aime ton avenir dans ta belle jeunesse,
Chers enfants d'esprit vif et de sang généreux,
Pour qui je sens au cœur d'un père la tendresse...
Et je reste à Soubès pour l'aimer encor mieux.

RESTONS A SOUBÈS

(Air : *Montagnes des Pyrénées.*)

1. Sur les bords de la *Braize,*
Comme *Soubès* est beau !
Il n'est rien qui me plaise
Comme son vieux château !
J'aime ses riantes campagnes,
Et ses vallons et ses montagnes.
O Soubésiens (*bis*) ! Chantons en chœur (*bis*),
De mon pays (*bis*) la paix et le bonheur !

2. Laisse-là ton village,
Disait un citadin ;
Le bonheur en partage,
A la ville est certain.
Jamais, jamais, quelle folie !
Je suis heureux de cette vie :
J'ai le grand air (*bis*), j'ai la santé (*bis*),
Mon humble toit (*bis*), l'honneur et la gaîté.

3. A la saison nouvelle,
Le soleil du bon Dieu
Fait la terre si belle
Sous un ciel toujours bleu !
Il met la fleur dans la prairie,
L'épi sur la moisson jaunie,
Un jus vermeil (*bis*) dans nos raisins,
Des chants joyeux (*bis*) partout sur nos chemins.

Le labeur de vos bras et l'air pur des montagnes
Vous font une âme saine en un corps vigoureux.
Le vice n'atteint pas vos paisibles campagnes ;
Toujours libres et forts, vous restez vertueux.

CHERS ABSENTS

Aux Poilus soubésiens et à leurs familles.

1. Par un beau jour d'été, quand l'aurore vermeille
Vient dorer de ses feux la tour du vieux château
Et que, dans la fraîcheur, la ruche se réveille,
Comme Soubès est beau !
Mais qu'il est triste aussi, pendant ces jours de guerre !
Au moment de partir pour le travail pressant,
Sur le seuil du foyer, n'apparaît que la mère,
Car le père est absent !

2. Avant de commencer sa pénible journée,
Comme il était heureux, le rude travailleur,
De pouvoir embrasser sa chère maisonnée
Pour se donner du cœur !
Hélas ! à son réveil, tout chargé de tristesse,
L'enfant, dans sa chambrette, attendra vainement
De la main paternelle une tendre caresse,
Car le père est absent.

3. Par les chemins poudreux, les sentiers solitaires,
Marchent, l'outil au bras, des vieillards courageux,
D'héroïques enfants et de vaillantes mères,
Front triste et soucieux.
Plus de rires bruyants ; plus de chansons joyeuses !
Malgré le gai soleil qui sourit dans le champ,
Sans le chef bien-aimé, ces âmes sont rêveuses
Et pensent à l'absent.

4. Pourtant le mois de juin a paré la nature,
Donné les premiers fruits et prodigué les fleurs ;
Plus gaîment l'oiseau chante et le ruisseau murmure,
Plus l'ombre a des douceurs !
Mais qu'importe ! au foyer la guerre a fait un vide
Que rien ne peut combler ; on craint en espérant ;
Et tout bonheur est faux, tout plaisir insipide
Goûté loin de l'absent !

5. Au labeur chacun peine et sait, avec courage,
Supporter la fatigue et la chaleur du jour.
Et tous ces faibles bras apportent à l'ouvrage
La force de l'amour !
Tandis que, par leurs soins, vont prospérer les vignes
Et de riches moissons se couvrir tous nos champs,
Ces femmes, ces enfants, ces vieillards sont bien dignes
De nos héros absents.

6. Quand la nuit est venue et que, la tâche faite,
On aspire au repos, comme il fait bon s'asseoir
Sur le seuil de la porte et faire la causette
A la fraîcheur du soir !
Depuis plus de quatre ans, une figure amie
N'est pas au rendez-vous ; mais on entend souvent
Redire avec respect, d'une voix attendrie,
Le nom du cher absent.

7. Quand l'heure du repas assemble la famille
Près du père et la mère en douce intimité,
C'est le bonheur pour tous et, dans tous les yeux brille
Un rayon de gaîté.
Mais lorsque l'être cher qui présidait la table
Souffre et languit au loin, au danger menaçant,
Chacun, triste et rêveur, regarde, inconsolable,
La place de l'absent.

8. Avant que le sommeil ait fermé leur paupière,
La mère et les enfants sont tombés à genoux,
Pour adresser au Ciel cette ardente prière :
« Seigneur, exaucez-nous !
« Gardez-le sain et sauf, dans la dure bataille ;
« Contre nos ennemis, rendez-le triomphant,
« Et couvert de lauriers cueillis sous la mitraille,
« Ramenez notre absent !

9. Lorsque la sombre nuit, dans Soubès qui sommeille,
Couvre d'un voile noir l'angoisse et la douleur,
L'ange du souvenir, au foyer toujours veille,
Volant de cœur en cœur !

Et l'épouse et la sœur, et l'enfant et la mère,
Ont de lourds cauchemars ou des rêves charmants,
Car tantôt l'amour craint et tantôt il espère
Au retour des absents.

MORT POUR LA PATRIE

A la mémoire d'un ami, *Jean Sirven*,
de Soubès.

Il est tombé devant Verdun, un soir d'avril,
Et, dans la plaine fauve, où le Boche se terre,
Son corps est étendu, qui frémissait naguère :
Mais je gage qu'il tient encore son fusil !

Il est mort ! mais son geste est toujours menaçant,
Sur son visage pâle on ne lit pas la crainte ;
On sent qu'il est tombé sans cri, sans une plainte,
Et qu'il a, sans regret, donné son jeune sang !

Il aimait sa patrie et son petit village...
Ses aïeux, ses parents, ses amis, son langage...
Il les a défendus au moment opportun...

C'est pour eux qu'il est mort, pour eux que, dans la plaine,
De son corps menaçant encore plein de haine,
Il barre aux Allemands la route de Verdun !

Joseph Delort, de Soubès,

Mort pour la France, le 29 mai 1916.

NOTRE BELLE FRANCE

(Air de la Fons de Nîmes.)

1. Beau pays de France,
Tu charmes nos cœurs;
Aussi notre enfance,
Chante tes splendeurs.

REFRAIN.

O France bénie,
Ravissant séjour,
A toi notre vie,
A toi notre amour!

2. Tout mortel sur terre
De bonheur épris,
C'est toi qu'il préfère,
Après son pays.

3. Ton beau ciel scintille
Et ton sol fleurit;
Le soleil qui brille
Toujours te sourit.

4. Nous aimons tes plaines,
Tes ombreux vallons,
Et tes mers sereines
Et tes altiers monts.

5. Ton vignoble immense
Et tes champs féconds,
Avec abondance
Prodiguent leurs dons.

6. Tes enfants, ô France,
Veulent te chérir,
Et pour ta défense
Ils sauront mourir.

LES BONS ÉCOLIERS

(Chant)

1. Voici que l'aurore
Luit à l'horizon,
Le gai soleil dore
L'arbre et le gazon.
Comme la nature,
Gaîment reprenons,
Sans peur, sans murmure,
Labeur et chansons. } (*bis*)

2. Amis, du courage
A notre devoir.
Gaîment sur l'ouvrage
Peinons jusqu'au soir.
Et quand viendra l'heure,
Près de nos parents,
Dans notre demeure,
Retournons contents. } (*bis*)

3. Quand on est en classe,
Toujours studieux,
Mieux on se délasse
A l'heure des jeux.
Mais si la paresse
Engourdit le cœur,
Bientôt la tristesse
Fait notre malheur. } (*bis*)

4. Que notre jeunesse,
Par un saint labeur,
Acquière sagesse,
Vaillance et vigueur.
Et si la patrie
Nous réclame un jour,
Donnons notre vie,
Comme notre amour. } (*bis*)

LA VIE DE JEANNE D'ARC

1. Sous le toit d'une humble chaumière
S'abrita ton berceau béni,
Et tes doigts de pauvre bergère
Filaient aux champs de Domremy.

REFRAIN.

Salut, noble enfant de la France !
A toi, Jeanne d'Arc, gloire, honneur !
Toi, qui jadis, par ta vaillance,
Boutas dehors l'envahisseur.

2. Les malheurs de notre Patrie
Émouvaient ton âme d'enfant,
Et souvent ta voix attendrie
Les rappelait en soupirant.

3. Dans le calme de la clairière,
Vers le ciel s'exhalent tes vœux ;
Et Dieu répond à ta prière
Par des ordres mystérieux.

4. Fidèle aux voix qui te conseillent,
Loin des tiens, un jour, tu t'en vas ;
Et tes paroles émerveillent
Le roi, les chefs et les soldats.

5. Orléans voit, dans sa détresse,
Devant toi fuir les ennemis ;
Et ton drapeau, dans l'allégresse,
Flotter sur ses murs reconquis.

6. Au pays qu'arrose la Loire,
Luttant sans trêve ni merci,
Tu délivres, par ta victoire,
Patay, Jargeau, puis Beaugency.

7. Par tes soins, vaillante guerrière,
L'huile sainte oint ton roi vainqueur,
Et l'on voit, à Reims, ta bannière,
Après la peine, être à l'honneur.

8. Voici le douloureux calvaire
Qu'en martyre il te faut gravir :
A Paris le sort t'est contraire ;
A Compiègne, il va te trahir.

9. On t'abandonne sans défense,
En proie aux ennemis vaincus ;
Ni tes preux, ni le roi de France,
De toi ne se souviennent plus.

10. A Rouen, le bûcher infâme
Consume ton corps virginal ;
Mais au ciel s'envole ton âme,
Pour le salut national.

11. D'autres ennemis, dans leur haine,
Voudraient, de leur joug abhorré,
Charger ton pays de Lorraine.
Ils n'auront pas ce sol sacré...

Dernier Refrain

Les braves soldats de la France,
Animés de ta sainte ardeur,
Comme jadis, par leur vaillance,
Ont mis dehors l'envahisseur !

FUTURS SOLDATS

(Chant : Marche-défilé pour les leçons de gymnastique.)

1. Au métier militaire
   Nous aspirons,
   Et d'une mine fière
   Nous manœuvrons.
   Sans peur et sans faiblesse,
   Marchons gaîment ;
   Pensons dès la jeunesse
   Au régiment.

2. Dans les jeux de notre âge,
   Nous déployons
   Énergie et courage
   Comme aux leçons.
   Sans fusil et sans armes,
   Nous nous livrons
   Des combats pleins de charmes
   Que nous aimons.

3. Des malheurs de la France,
   Souvenons-nous ;
   Et pendant notre enfance,
   Préparons-nous.
   Quand plus tard la Patrie
   Demandera
   Notre sang, notre vie,
   Nous serons là !

L'ORPHELIN DE LA GUERRE

AUX PETITS FRANÇAIS, SES CAMARADES

A M. Ch. Flahaut, président de l'Œuvre méridionale des orphelins de la guerre.

1. Mes amis, lorsque la France
Eut besoin de nos papas
Pour assurer sa défense,
Ils partirent aux combats.
Comme vous, plein de tristesse,
Au mien je fis mes adieux.
Ayant reçu ma caresse,
Il s'en alla courageux.

2. Et, comme vous, à la guerre,
Je jouais avec ardeur,
Heureux et fier que mon père,
Du pays fût défenseur.
Quand maman, l'âme attendrie,
Craignait pour le cher absent,
Je disais que la Patrie
Nous le rendrait triomphant.

3. Je disais qu'à la victoire,
Avec tous nos vaillants preux,
Il aurait sa part de gloire,
Qui nous rendrait tous heureux.
Et lui-même, avec courage,
Il soutenait notre espoir,
Comptant bientôt au village,
Joyeux, revenir nous voir.

4. Après de longs mois d'absence,
Pour quelques jours, vos papas
Comblèrent votre espérance...
Mais le mien ne revint pas !...

Plus de ses chères nouvelles
A relire avec ferveur !...
Et dès angoisses cruelles
Envahissaient notre cœur.

5. Un jour, vient Monsieur le Maire,
Qui nous parle tristement,
En nous disant que mon père
S'est battu très bravement,
Et qu'en héros, pour la France
Il est mort au champ d'honneur...
Et moi, malgré mon enfance,
J'ai compris tout mon malheur.

6. A peine, si, de la vie
Je viens de franchir le seuil,
Que je la trouve assombrie
Par le noir spectre du deuil.
A l'âge où l'on aime à rire,
Hélas ! il me faut pleurer !...
Sur mes lèvres, le sourire
N'osera plus se poser.

7. Des caresses paternelles
Je suis privé pour toujours,
Et les larmes maternelles
Affligeront tous mes jours.
Pour moi, le doux nom de père,
N'est qu'un souvenir cruel,
Et personne, sur la terre,
N'y répond à mon appel.

8. Oui, mon malheur est immense,
Car j'ai perdu mon seul bien ;
Je n'ai plus, dès mon enfance,
Et mon guide et mon soutien.
Avec le deuil, la misère
Entre dans notre foyer,
Car seul, le labeur du père
Donnait du pain à manger.

9. Faudra-t-il, sur ma souffrance,
Sans espoir, toujours pleurer ?
Non ! l'orphelin de la France,
Ne doit pas désespérer.
La Patrie a pris mon père,
Je suis doublement son fils ;
Doublement je suis le frère
De vous tous, mes chers amis,

10. Pour notre mère commune
S'est offert mon cher papa ;
Pensez à mon infortune
Quand le vôtre reviendra.
Et lorsque de la victoire
Retentira le refrain,
Songez combien cette gloire
A fait pleurer l'orphelin.

11. A votre frère en détresse,
Ouvrez vos cœurs pour l'aimer ;
Et donnez avec largesse
Votre obole pour l'aider.
Vous devez bien à la France,
Comme à ses morts glorieux,
Et cette reconnaissance
Et ce souvenir pieux !

LES ENFANTS ET LA GUERRE

A mes chers élèves de Soubès

1. Ce qu'ont fait nos aînés durant la grande guerre,
L'histoire le dira ;
Pour le siècle à venir, sur le marbre et la pierre
Leur nom se gravera.
Mais pendant que, pour nous, là-bas sur nos frontières
Ils se battaient en preux,
N'avons-nous donc rien fait, nous, leurs fils ou leurs frères,
Pour être dignes d'eux ?

2. Tandis que le tocsin résonnait au village
Et que maman pleurait,
Nous avons au baiser offert notre visage,
Au papa qui partait.
Et puis, de tous les deux concentrant la tendresse
Nous unissions leurs cœurs.
Images de l'absent, d'une douce caresse,
Nous consolions les pleurs.

3. Quand leurs bras vigoureux, pour la France chérie
Ont repris le fusil,
Nous avons échangé, pour servir la Patrie,
Le jeu contre l'outil.
Et sans peur, mesurant notre jeune courage
Au labeur paternel,
Nous sommes devenus des hommes avant l'âge
Qui devancent l'appel.

4. Devant tous les malheurs que la guerre déchaîne
Nos cœurs se sont émus;
Et conservant l'espoir de revanche prochaine,
Ils se sont souvenus.
Oui! les crimes sans nom des hordes étrangères,
Tous les droits violés,
Le sang de nos soldats et les pleurs de nos mères,
Par nous seront vengés!

AU DRAPEAU !

CHANT POPULAIRE ET PATRIOTIQUE

PAROLES DE J. SAUZET
Instituteur

MUSIQUE DE J. GIRAUD
Chef de musique au 81e d'infanterie

REFRAIN

Salut, drapeau de France
Signe d'espérance,
Emblème de vaillance,
D'honneur et de foi ;
O toi de la Patrie,
Image chérie,
Notre sang, notre vie,
Seront tout à toi ! (*bis*).

1. Au front des vaillantes armées,
Pour diriger leurs pas vainqueurs,
On voit planer, toujours aimées,
Et ta lance et tes trois couleurs.

2. Flottant sur la mer en furie
Ou sur les rivages lointains,
Tu parles de notre patrie
Au cœur de nos braves marins.

3. Partout le dévouement sublime,
Abrite en tes plis son ardeur ;
Partout le faible qu'on opprime,
En toi salue un protecteur.

4. Les braves, à travers le monde,
Font respecter tes trois couleurs ;
Et sur terre comme sur l'onde,
Tu reçois les plus grands honneurs.

5. Pour toi, sur les champs de bataille,
Nos pères ont versé leur sang ;
Pour toi, s'il faut, dans la mitraille,
Nous mourrons tous à notre rang.

6. Paré des lauriers de victoire,
En tête de nos régiments,
Tu nous reviens couvert de gloire
Avec nos poilus triomphants.

DEBOUT, LES JEUNES !

SERMENT PATRIOTIQUE DE LA JEUNESSE FRANÇAISE

Poésie de J. SAUZET
Instituteur

Musique de J. BALLÉ
Professeur au Conservatoire

REFRAIN

Debout ! Jeunesse de France,
Fils et frères de héros !
Héritiers de leur vaillance,
Jurons tous sur leurs tombeaux,
De combler leur espérance,
Sur le seuil des temps nouveaux.
Debout ! Jeunesse de France,
Fils et frères de héros !

1. Nos aînés, morts pour la France,
En combattant l'étranger,
Avaient au cœur l'espérance
Que nous saurions les venger.
En donnant à la patrie,
Leurs bras, leur sang et leur vie,
Ils voulaient que leurs enfants,
Par eux fussent triomphants.

2. En quittant avec tristesse
Au foyer ceux qu'ils aimaient,
Avec l'ultime caresse,
Quel espoir ils emportaient ?
— De voir renaître leur vie
Dans la famille chérie,
Par leurs fils que l'avenir
Laisserait vivre et grandir.

3. Quand leur main laborieuse
Déposait le cher outil
Qui rendait leur vie heureuse,
Pour reprendre le fusil,
Ils savaient notre courage
Capable même à notre âge,
De parfaire leur labeur,
Sans défaillance et sans peur.

4. Dans les combats la patrie
A perdu ses défenseurs ;
Glorieuse, mais meurtrie,
Il lui faut d'autres sauveurs.
C'est nous, jeunesse de France,
Qui sommes son espérance.
Debout ! bataillons sacrés,
En avant ! vers le progrès !

LE CHANT DU RETOUR APRÈS LA GUERRE DE 1914-1918

(Air du *Chant du Départ.*)

I — *Un chef militaire.*

Sur vos pas glorieux, plus de chansons guerrières,
Nobles soldats, voici la paix ;
Déposez, ô vainqueurs, vos armes meurtrières ;
Assez d'exploits et de hauts faits !

Entonnez des chants de victoire;
Allez emplir vos doux foyers,
De votre amour, de votre gloire
Et de vos immortels lauriers.

Refrain

La France entière vous acclame,
O héros, nos libérateurs !
Et sa voix, en ce jour, proclame
La gloire de ses défenseurs. } (*bis*)

II — *Une mère de famille.*

La Patrie en danger avait, pour sa défense,
Jeté nos fils dans les combats;
Notre cœur maternel les donnait à la France;
Ils nous reviennent dans nos bras !...
Paix à ceux qui sont morts pour elle !...
La France était leur mère aussi,
Et c'est pour la rendre immortelle
Qu'au champ d'honneur ils ont péri.

III — *Deux vieillards*

Quand nos yeux, autrefois, pleuraient sur la défaite,
Tout notre espoir était en vous.
La revanche, aujourd'hui, nous remet tous en fête,
Car vous avez vaincu pour nous.
Laissez notre main défaillante
Bénir nos fils victorieux,
Et, de notre lèvre mourante,
Baiser votre front glorieux.

IV — *Un enfant.*

Ne pouvant, aux combats, en enfants héroïques,
Vaincre ou mourir à vos côtés,
Nous avons mérité des lauriers pacifiques
Dignes de ceux de nos aînés.

Recueillant l'outil de nos pères,
Nous avons repris leurs labeurs,
Ou bien, près de nos tendres mères,
Nous étions des consolateurs.

V — *Une épouse.*

Au foyer, chers époux, reprenez votre place,
Pour y goûter un doux repos.
Les blessures, les coups dont vous portez la trace,
Vous ont rendus encor plus beaux !
Que de vos enfants, les caresses
Rendent vos fronts moins soucieux !
Et, sur nos cœurs, pleins de tendresses,
Oubliez les jours malheureux !

VI — *Une jeune fille, offrant des fleurs.*

Loin de vous, fiers guerriers, vos sœurs, vos fiancées,
Gardaient pour vous tout leur amour ;
Leur espoir caressait les plus douces pensées
Pour le triomphe du retour.
Leurs mains qui, pour vous, aux armées,
Envoyèrent tant de douceurs,
Et tant de lettres enflammées,
Vous offrent aujourd'hui des fleurs !

VII — *Un guerrier.*

Pour la France et le droit, nous avions pris les armes,
Nous revenons victorieux ;
De la paix, au foyer, nous retrouvons les charmes,
Avec l'espoir d'y vivre heureux.
Perdant du guerrier la rudesse,
Nous retournons auprès de vous,
Le cœur rempli de la tendresse
D'un fils, d'un frère, d'un époux.

IV

LIVRE D'OR
DES MOBILISÉS DE SOUBÈS

PENDANT LA GUERRE DE 1914-1918

Sur le tableau d'honneur des enfants de la France,
Nobles et plébéiens,
Qui se sont illustrés par leur belle vaillance,
Ou qui, dans les combats, sont morts pour sa défense,
Soubès avec fierté pourra compter les siens.

Ce qu'ont fait nos aînés, durant la Grande Guerre,
L'histoire le dira ;
Pour le siècle à venir, sur le marbre et la pierre,
Leur nom se gravera.

J'aime les rudes gars qui labourent ta terre
Et ceux qui sont partis la défendre là-bas :
Ils ont un noble cœur sous une écorce austère,
Doux agneaux au foyer, fiers lions aux combats.

LISTE DES MOBILISÉS

† Alaux (Pierre), classe 1916. Mobilisé le 10 août 1916. Soldat au 141e d'infanterie. Mort pour la France, le 29 mars 1918. Une citation.

Albaret (Ulysse), classe 1913. Mobilisé le 2 août 1914. Brigadier au 11e hussards.

Arnal (Charles-Joseph), classe 1893. Mobilisé le 30 septembre 1914. Soldat au 87e d'infanterie territoriale. Libéré le 30 décembre 1918.

Arnal (Gaétan-Auguste), classe 1889. Mobilisé le 16 avril 1915. Soldat au 56e d'artillerie. Libéré le 6 mars 1917.

Aubenque (Louis), classe 1918. Mobilisé le 2 mai 1917. Soldat au 2e d'artillerie de montagne.

Azémar (Abel), classe 1903. Mobilisé le 11 août 1914. Soldat au 232e d'artillerie de campagne. Une citation.

Azémar (Émile), classe 1904. Mobilisé le 2 juin 1915. Soldat au 10e d'artillerie à pied. Libéré le 22 mars 1919.

Barrière (Émile), classe 1901. Mobilisé le 2 août 1914. Sergent au 34e colonial. Blessé une fois. Une citation. Médaille coloniale. Médaille militaire. Réformé n° 1, le 15 octobre 1915.

Barrière (Étienne-Paul), classe 1897. Mobilisé en décembre 1914. Soldat au 81e d'infanterie. Libéré en novembre 1918.

Barthélemy (Alphonse), classe 1897. Mobilisé le 2 août 1914. Soldat au 32e d'artillerie. Libéré le 3 février 1919.

Barthélemy (Georges-Paul), classe 1899. Mobilisé le 6 février 1915. Soldat au 7e régiment du train. Libéré le 17 février 1919.

Bellet (Joseph), classe 1899. Mobilisé le 2 août 1914. Trompette au 223e d'artillerie de campagne. Libéré le 16 février 1919.

Bellet (Joseph), classe 1897. Mobilisé le 25 juin 1915. Soldat au 9e d'artillerie. Libéré le 6 février 1919.

Bellet (Louis), classe 1901. Mobilisé le 2 août 1914. Soldat au 3e d'artillerie de campagne. Libéré le 13 février 1919.

Birouste (Germain), classe 1908. Mobilisé le 2 août 1914. Caporal au 58e d'infanterie. Fait prisonnier le 11 août 1914. Rapatrié le 15 octobre 1918.

Bonnel (Georges), classe 1912. Mobilisé le 2 août 1914. Sergent au 500e d'artillerie (tanks). Blessé deux fois. Trois citations. Médailles : militaire, du Maroc, d'Italie.

Bonnel (Gaston), classe 1894. Mobilisé le 27 septembre 1914. Soldat au 61e d'infanterie. Libéré le 11 avril 1918.

Boudes (Raymond), classe 1915. Mobilisé le 18 décembre

1914. Téléphoniste au 310e d'artillerie lourde. Une citation.

Boudou (Victor), classe 1893. Mobilisé le 24 septembre 1914. Soldat au 110e territorial. Libéré le 31 décembre 1918.

Caisso (Cassius), classe 1913. Mobilisé le 2 août 1914. Brigadier au 11e hussards. Blessé une fois. Deux citations. Médaille militaire. Réformé no 1 en mai 1917.

† Caisso (Édouard), classe 1904. Mobilisé le 3 août 1914. Caporal au 34e colonial. Mort pour la France, le 5 octobre 1914.

Caisso (Léonce), classe 1906. Mobilisé le 2 août 1914. Chef de section au 140e d'infanterie. Libéré le 10 mars 1919.

Camillière (Gabriel), classe 1894. Mobilisé le 29 octobre 1914. Soldat à la 142e compagnie P. G. Libéré en janvier 1919.

Cannac (Arthur), classe 1911. Mobilisé le 2 août 1914. Soldat au 140e d'infanterie. Fait prisonnier le 29 août 1914. Rapatrié le 25 décembre 1918.

Cannac (Eugène), classe 1909. Mobilisé le 2 août 1914. Sergent au 267e d'infanterie (armée d'Orient).

Cannac (Émile), classe 1906. Mobilisé le 2 août 1914. Blessé une fois. Réformé no 1 en 1915.

Cannac (Henri), classe 1918. Mobilisé le 2 mai 1917. Soldat au 2e d'infanterie.

Caramel (Justin), classe 1891. Mobilisé le 3 mars 1915. Soldat au 62e d'infanterie. Libéré le 27 septembre 1917.

Cartayrade (Ismaël), classe 1901. Mobilisé le 3 août 1914. Soldat au 7e d'artillerie à pied. Blessé une fois. Réformé no 1 en février 1916.

Caylus (Antonin), classe 1890. Mobilisé le 30 mars 1915. Soldat au 52e territorial. Libéré le 12 juillet 1917.

Clapier (Léon), classe 1916. Mobilisé le 10 août 1916. Soldat au 72e d'infanterie.

Clapier (Paul-Marius), classe 1892. Mobilisé le 18 octobre 1914. Soldat au 122e territorial. Libéré le 17 mars 1917.

Coulet (Alphonse), classe 1896. Mobilisé le 2 septembre 1914. Soldat au 122e territorial. Fait prisonnier le 27 mai 1918. Rapatrié le 5 décembre 1918. Libéré le 6 février 1919.

† Crouzet (Joseph), classe 1897. Mobilisé le 2 août 1914.

Soldat au 274e d'infanterie. Mort pour la France, le 15 juin 1915.

Dardé (Léopold), classe 1888. Mobilisé le 30 mars 1916. Soldat au 56e d'artillerie. Libéré le 8 mars 1917.

Delfaud (Albert), classe 1890. Mobilisé le 30 mars 1915. Soldat au 123e territorial. Libéré le 10 décembre 1918.

Delfaud (Brutus), classe 1900. Mobilisé le 2 août 1914. Soldat au 223e d'infanterie. Blessé quatre fois. Libéré le 27 février 1919.

Delfaud (Célestin), classe 1895. Mobilisé le 2 août 1914. Soldat au 122e territorial. Libéré en mars 1919.

Delfaud (Joseph), classe 1905. Mobilisé le 2 août 1914. Soldat au 3e d'artillerie. Libéré le 10 mars 1919.

Delfaud (Léonce), classe 1904. Mobilisé le 15 mai 1917. Soldat à la 16e section C. O. A. Libéré le 12 mai 1919.

† Delort (Joseph), classe 1914. Mobilisé le 12 septembre 1914. Caporal au 173e d'infanterie. Une citation. Mort pour la France, le 29 mai 1916.

† Delort (André), classe 1916. Mobilisé le 10 août 1916. Soldat téléphoniste au 5e d'artillerie. Une citation. Mort pour la France, le 19 juin 1918.

† Favier (Johannès), classe 1896. Mobilisé en août 1914. Soldat à la 16e section des infirmiers. Disparu en juillet 1918.

† Félix (Gabriel), classe 1910. Mobilisé le 2 août 1914. Caporal au 3e colonial (armée d'Orient). Une citation. Mort pour la France, le 9 décembre 1916.

† Félix (Léon), classe 1913. Mobilisé le 15 septembre 1915. Soldat au 43e colonial (armée d'Orient). Mort pour la France, le 14 novembre 1918.

Félix (Marius), classe 1908. Mobilisé le 6 décembre 1915. Soldat au 8e génie. Libéré le 31 mars 1919.

Ferrand (Jules), classe 1917. Mobilisé le 23 décembre 1917. Soldat au 1er d'artillerie de montagne. Blessé une fois. Une citation. Médaille d'Italie.

Février (Étienne-Albert), classe 1896. Mobilisé le 25 janvier 1915. Soldat au 11e génie. Libéré le 16 janvier 1919.

Fournier (Eugène), classe 1901. Mobilisé le 14 décembre 1914. Soldat à la 16e section d'infirmiers. Libéré le 23 février 1919.

† Fournier (Henri), classe 1905. Mobilisé le 4 août 1914. Soldat au 281e d'infanterie. Mort pour la France, le 16 octobre 1914.

Frontin (Jules), classe 1904. Mobilisé le 6 août 1914. Clairon au 67e chasseurs alpins. Blessé une fois. Deux citations. Libéré le 14 mars 1919.

Gal (Benoît), classe 1890. Mobilisé le 30 mars 1915. Caporal au 326e territorial. Libéré le 9 juillet 1917.

Gal (Camille), classe 1917. Mobilisé le 20 décembre 1917. Soldat au 133e d'artillerie lourde.

Galenc (Léopold), classe 1909. Mobilisé le 3 août 1914. Adjudant au 142e d'infanterie. Blessé une fois. Une citation.

Gasc (Marius-Joseph), classe 1890. Mobilisé le 30 mars 1915. Tambour au 52e territorial. Libéré le 11 décembre 1918.

Gendarme (Henri), classe 1909. Mobilisé le 8 septembre 1914. Soldat au 140e d'infanterie. Blessé une fois. Réformé n° 1 en 1916.

† Girard (Augustin), classe 1894. Mobilisé en septembre 1914. Libéré en janvier 1915. Décédé accidentellement le 10 juin 1916.

Gros (Auguste), classe 1888. Mobilisé le 30 mars 1916. Maréchal des logis au 56e d'artillerie. Libéré le 8 mars 1917.

Gros (Maurice-Eloi), classe 1893. Mobilisé le 9 octobre 1914. Soldat au 138e d'infanterie. Libéré le 31 décembre 1918.

Gros (Gustave), classe 1892. Mobilisé le 28 novembre 1914. Soldat au 2e génie. Libéré le 19 décembre 1915.

Gros (Denis), classe 1913. Mobilisé le 2 août 1914. Maréchal des logis au 9e d'artillerie du Maroc. Blessé trois fois. Deux citations. Médaille du Maroc.

Gros (Benjamin), classe 1908. Mobilisé le 2 août 1914. Officier d'administration, gestionnaire.

Gros (Jules), classe 1895. Mobilisé le 2 août 1914. Soldat au 122e territorial. Une citation. Libéré le 31 janvier 1919.

Gros (Victorin), classe 1890. Mobilisé le 31 mars 1915. Soldat au 326e d'infanterie territoriale. Libéré le 11 juillet 1917.

Guyon (Paul), classe 1910. Mobilisé le 2 août 1914. Soldat au 122e d'infanterie.

Héraud (Apollon-Auguste), classe 1910. Mobilisé le 2 août 1914. Soldat au 6e escadron du train. Une citation.

Lassalle (François), classe 1916. Mobilisé le 10 août 1916. Soldat au 221e d'infanterie. Une blessure. Deux intoxications. Une citation.

† Lassalle (Gustave), classe 1907. Mobilisé le 25 février 1915. Soldat au 7e d'infanterie coloniale (armée d'Orient). Disparu le 30 juin 1915.

Lassalle (Émile-Joseph), classe 1904. Mobilisé le
Soldat au

Lassalle (Marius), classe 1899. Mobilisé en août 1914. Soldat au

Lavaysse (Louis), classe 1892. Mobilisé le 6 août 1914. Infirmier militaire, 16e section. Libéré le 13 janvier 1919.

† Lavit (Joseph), classe 1908. Mobilisé le 4 août 1915. Soldat au 34e colonial. Mort pour la France, le 12 octobre 1914.

Majourel (Joseph), classe 1919. Mobilisé le 20 avril 1918. Brigadier, élève aspirant à l'école militaire d'artillerie, à Fontainebleau.

Mallet (Joseph), classe 1898. Mobilisé le 2 août 1914. Section des C. O. A. Libéré en mars 1919.

† Mallet (Georges), classe 1911. Mobilisé le 2 août 1914. Soldat au 14e dragons (armée d'Orient). Mort pour la France, le 5 novembre 1918.

Marcorelles (Paul), classe 1910. Sergent (armée du Maroc).

Mathieu (Jules), classe 1917. Mobilisé le 10 août 1916. Soldat au 221e d'infanterie. Blessé une fois.

† Mazeran (Francis), classe 1907. Lieutenant. Mort pour la France, le 19 août 1914.

Merlhou (Louis), classe 1914. Mobilisé le 6 septembre 1914. Soldat au 47e bataillon alpins. Blessé trois fois. Une citation, médaille d'Italie.

Merlhou (Ernest), classe 1907. Mobilisé le 2 août 1914. Soldat au 81e d'infanterie. Fait prisonnier le 23 avril 1918. Rapatrié le 24 janvier 1919.

Merlhou (Achille), classe 1908. Mobilisé le 2 août 1914. Soldat au 410e d'infanterie. Réformé n° 1 en 1917.

Milhau (Émile), classe 1895. Mobilisé le 4 août 1914. Soldat à la 16e section d'infirmiers. Libéré le 31 janvier 1919.

Milhau (Alexandre-Laurent), classe 1889. Mobilisé le 19 avril 1915. Soldat au 56e d'infanterie territoriale. Libéré le 25 février 1917.

Minhonnac (Hubert), classe 1889. Mobilisé le 16 avril 1915. Caporal au 122e territorial. Réformé en décembre 1915.

† Orssaud (Zéphirin), classe 1898. Mobilisé le 4 août 1914. Caporal au 122e territorial. Réformé n° 1, en 1916. Mort des suites de maladie contractée, le 1er avril 1918.

Oulès (Louis-Joseph), classe 1909. Mobilisé le 2 août 1914. Soldat au 141e d'infanterie. Fait prisonnier le 13 mars 1917. Rapatrié le 5 janvier 1919. Une blessure.

† Pascalis (Jules), classe 1910. Mobilisé le 2 août 1914. Soldat au 142e d'infanterie. Mort pour la France, le 18 août 1914.

Peyaud (Marius), classe 1900. Mobilisé le 2 août 1914. Soldat au 2e génie. Libéré le 26 février 1919.

Portefaix (Noël), classe 1887. Mobilisé le 1er août 1914. Libéré fin août 1914.

Pradels (Élie), classe 1898. Mobilisé le 4 août 1914. Soldat au 122e territorial. Réformé n° 2, le 1er août 1916.

Ramond (Émile), classe 1899. Mobilisé le 2 août 1914. Soldat au 233e d'infanterie. Blessé une fois. Libéré en mars 1919.

† Revel (Antonin), classe 1903. Mobilisé le 2 août 1914. Sergent au 64e chasseurs alpins. Mort pour la France, le 23 janvier 1919. Cinq citations.

Revel (Ulysse), classe 1895. Mobilisé le 26 novembre 1915. Soldat au 81e d'infanterie. Libéré le 11 février 1919.

Rodier (Victorin-Lucien), classe 1894. Mobilisé le 8 août 1914. Soldat au 4e génie. Libéré le 11 janvier 1919.

Rouch (Alfred), classe 1904. Mobilisé le 2 août 1914. Tambour au 363e d'infanterie. Fait prisonnier le 22 avril 1916. Rapatrié le 23 décembre 1918. Libéré le 23 mars 1919.

Roume (Maurice), classe 1888. Mobilisé le 2 août 1914. Section des C. O. A. Libéré le 19 août 1914.

Rouquet (Frédéric), classe 1901. Mobilisé le 3 août 1914. Adjudant au 16e escadron du train. Libéré le 28 février 1919.

Rouquet (Éloi), classe 1892. Mobilisé le 29 octobre 1914. Soldat au 322e territorial. Fait prisonnier le 28 janvier 1916. Rapatrié le 16 décembre 1918. Libéré le 15 janvier 1919.

Rouquet (Albin), classe 1919. Mobilisé le 10 janvier 1918. Soldat au 50e régiment d'artillerie.

Rouquet (Émile), classe 1898. Mobilisé le 2 août 1914. Soldat au 2e groupe d'aviation. Blessé deux fois. Libéré le 27 décembre 1918.

Rouquet (Émile), classe 1916. Mobilisé le 10 août 1916. Soldat au chasseurs alpins.

Sérieys (Jean), classe 1917. Mobilisé le 20 janvier 1916. Soldat au 2e zouaves.

† Sirven (Jean), classe 1915. Mobilisé le 18 décembre 1914. Soldat au 149e d'infanterie. Disparu le 2 avril 1916.

Taly (Joseph), classe 1913. Mobilisé le 10 août 1916. Soldat au 3e d'artillerie (armée d'Orient).

† Taly (Raymond), classe 1918. Soldat au 303e d'artillerie lourde. Mort pour la France, le 23 août 1918. Une citation.

Trahine (Gaston), classe 1896. Mobilisé le 2 août 1914. Soldat au 56e d'artillerie. Libéré le 2 février 1919.

Trahine (Paul), classe 1917. Mobilisé le 16 janvier 1916. Soldat au 1er génie (colombophile).

Tronc (Alfred), classe 1917. Mobilisé le 20 janvier 1916. Fait prisonnier le 26 avril 1917. Rapatrié en décembre 1918.

Tronc (Gaston-Auguste), classe 1919. Mobilisé le 15 septembre 1915. Caporal au 8e génie (télégraphiste). Une citation.

† Truchard (Louis), classe 1916. Engagé volontaire le 11 avril 1915. Caporal au 2e zouaves. Une citation. Mort pour la France, le 16 avril 1917.

† Truchard (Henri), classe 1909. Mobilisé le 2 août 1914. Soldat au 141e d'infanterie. Mort pour la France, le 25 septembre 1914.

Truchard (Marcel), classe 1907. Mobilisé le 2 août 1914. Soldat au 23e d'artillerie: Libéré le 25 mars 1919.

Truchard (Auguste), classe 1915. Mobilisé le 11 avril 1915. Soldat au 131e d'artillerie.

Varatges (Léon), médecin-major. Trois citations. Chevalier de la Légion d'honneur. Médaille des épidémies.

Vellas (Auguste), classe 1919. Mobilisé le 20 avril 1918. Soldat au 28e d'artillerie de campagne:

† Vellas (Noël), classe 1909. Mobilisé le 2 août 1914. Soldat

au 58e d'infanterie. Mort pour la France, le 17 septembre 1914.

Vellas (Eugène), classe 1915. Mobilisé le 5 septembre 1917. Automobiliste militaire.

Vergnes (Raoul-Benjamin), classe 1904. Mobilisé le 20 octobre 1915. Soldat au 83e d'artillerie lourde.

† Viala (Charles), classe 1912. Mobilisé le 2 août 1914. Caporal au 3e d'infanterie (mitrailleuses). Mort pour la France, le 10 septembre 1918. Une citation.

Viala (Joseph), classe 1915. Mobilisé en septembre 1915. Soldat au 44e d'infanterie. Blessé grièvement. Une citation. Médaille militaire. Réformé n° 1.

Vigné (Raoul), classe 1894: Mobilisé le 26 septembre 1914. 14e section C. O. A. Libéré le 21 janvier 1919.

Vigné (Gabriel), classe 1904. Mobilisé le 3 août 1914. Soldat au 232e d'artillerie. Libéré le 25 mars 1919.

Witt (Maximin), classe 1908. Mobilisé le 2 août 1914. Caporal brancardier, 14e section. Une citation. Libéré en février 1919.

CITATIONS A L'ORDRE

OBTENUES PAR LES MOBILISÉS DE SOUBÈS

PENDANT LA GUERRE DE 1914-1918

Azémar (Abel).

Au front depuis le début de la campagne. A toujours fait preuve de dévouement. Dans la nuit du 6 juin 1918, a donné à tous ses camarades un bel exemple de sang-froid et de courage en assurant un ravitaillement sous un bombardement sérieux.

Alaux (Pierre).

Excellent soldat, courageux et dévoué. A été tué à l'attaque du 29 mars 1918.

Barrière (Émile).

Est proposé pour la médaille militaire. Sous-officier brave

et énergique, s'offrant toujours pour les missions périlleuses. Blessé grièvement le 25 août 1914 en effectuant une reconnaissance.

Bonnel (Georges).

1re citation. — A l'attaque du 20 juillet 1915, a trouvé un passage dans les fils de fer ennemis, a sauté dans une tranchée allemande, puis pénétré dans un blockhaus, tué un officier, fait des prisonniers, A essayé de descendre un canon de 77 dont il s'était emparé ; ne s'est retiré que devant le nombre des assaillants et après avoir détruit les lignes téléphoniques.

2e citation. — Est proposé pour la médaille militaire. Sous-officier d'une remarquable bravoure. S'est distingué en plusieurs circonstances, particulièrement le 20 juillet 1915, par une intrépidité et un mépris du danger au-dessus de tout éloge.

3e citation. — Excellent sous-officier, déjà médaillé et cité pour faits d'armes. Vient d'accomplir avec une belle crânerie une mission délicate et dangereuse (avril 1918). A donné à sa troupe l'exemple du sang-froid et du courage et a ramené des prisonniers.

Boudes (Raymond).

Excellent téléphoniste. A toujours rempli ses missions avec le plus grand dévouement et un complet mépris du danger. S'est particulièrement distingué dans la journée du 21 juillet 1918 en réparant une ligne téléphonique coupée en plusieurs endroits par un violent bombardement.

Caisso (Cassius).

1re citation. — Brigadier très brave et très dévoué ayant pris part, au début de la campagne, à de nombreuses reconnaissances. Dans l'une d'elles, a reçu une balle qui traversa sa jambière. A assuré son service aux tranchées de première ligne, le 21 février 1916, avec le plus grand sang-froid, au milieu d'un bombardement intense. A été blessé grièvement aux deux bras, aux reins, aux jambes et à la tête.

2e citation. — Est proposé pour la médaille militaire. Excellent gradé, très brave et très dévoué. A été très grièvement blessé, le 21 février 1916, en assurant courageusement son service dans un poste avancé.

Delort (Joseph).

S'est porté spontanément et de sa propre initiative, entre les deux lignes, à la recherche des blessés. Accueilli par une fusillade nourrie, et malgré le danger, n'en a pas moins continué sa mission et a ramené un blessé de la 7e compagnie.

Delort (André).

A fait preuve de courage et de sang-froid pendant les attaques des 20 et 25 mai 1917, en réparant les lignes téléphoniques sous des bombardements très violents de l'artillerie ennemie.

Félix (Gabriel).

Tombé glorieusement tandis qu'il conduisait son escouade à l'assaut des lignes ennemies, le 9 décembre 1916.

Ferrand (Jules).

Jeune conducteur, a fait preuve d'allant et de sang-froid pendant de nombreux ravitaillements exécutés sous le feu de l'ennemi.

Frontin (Jules).

1re citation. — Très bon chasseur alpin, conduite superbe au feu, lors des opérations de septembre 1918.

2e citation. — Très bon chasseur alpin, courageux et dévoué. S'est toujours bien comporté, même dans les circonstances les plus difficiles.

Galenc (Léopold).

Excellent gradé à tous les points de vue. Sur le front depuis le début de la campagne, a pris part à toutes les affaires où le régiment a été engagé, faisant partout preuve d'un réel esprit de sacrifice et de belles qualités militaires.

Gros (Jules).

Mis à la disposition du poste de secours du 329e R. I., au cours des opérations du 1er au 4 octobre 1918, a assuré l'évacuation des blessés avec rapidité et sans aucun souci du danger.

Gros (Denis).

1re citation. — Chef d'une pièce détachée, constamment battue par le feu de l'ennemi, par son entrain, son adresse, son énergie, a fait rendre à sa pièce les services importants qu'on en espérait.

2e citation. — Chef de section brave et dévoué. N'a cessé de commander sa section, au cours de l'offensive de la Somme (1916) avec le plus grand sang-froid. A été blessé grièvement le 17 juillet 1916.

Héraud (Apollon-Auguste).

Excellent tirailleur, au front depuis le début, dévoué sans cesse, d'un courage admirable. A participé à toutes les attaques, assurant l'évacuation des blessés dans des conditions fort difficiles. Le 8 janvier 1918, a participé à l'organisation des évacuations sous le bombardement incessant de l'ennemi.

Lassalle (François).

Excellent soldat, sur le front depuis 1917. S'est toujours bien comporté dans les combats livrés par le régiment depuis cette date. Au cours des journées de Champagne du 15 juillet au 12 août 1918, et du 10 au 15 octobre, a assuré, sous de violents bombardements et malgré une forte intoxication, le service de liaison. Ne s'est fait évacuer que sur ordre.

Mazeran (Francis).

Officier d'une très grande bravoure; avait témoigné dans un combat acharné de très belles qualités militaires. A été tué tandis qu'il se lançait, à la tête de sa section, à l'assaut d'une batterie allemande.

Merlhou (Louis).

Bon chasseur alpin, ayant toujours eu une belle attitude au feu. A été blessé deux fois dans l'accomplissement de son devoir.

Revel (Antonin).

1re citation. — Sergent brave et courageux qui s'est résolument lancé à l'assaut le 23 octobre 1917, et a fait preuve d'endurance et de dévouement les 24 et 25 octobre.

2e citation. — Bon chef de demi-section qui s'est montré actif et dévoué, dans les secteurs souvent agités et violemment bombardés, occupés par la compagnie, au cours de l'hiver 1917-1918.

3e citation. — Sous-officier, chef de section. A remarquablement conduit sa section à l'attaque du 8 août 1918, la commandant comme à la manœuvre, évitant des pertes, et assurant le succès de l'opération.

(Le texte des deux autres citations n'a pu nous être remis à temps.)

TALY (Raymond).

Jeune chef de pièce d'une haute valeur morale. A toujours fait preuve, pendant les bombardements auxquels la batterie a été soumise, d'un sang-froid remarquable et d'un absolu mépris du danger. Mortellement atteint au moment où il se portait à découvert pour faire abriter ses hommes exposés à un violent feu de l'ennemi.

TRONC (Gaston-Auguste).

Caporal télégraphiste. A, pendant les dernières opérations (novembre 1918), fait preuve de courage et d'énergie dans la construction et l'entretien de l'axe de liaison du corps d'armée, réparant à plusieurs reprises, malgré le bombardement, les lignes occupées par les obus ennemis.

TRUCHARD (Louis).

Excellent caporal, d'un courage et d'un allant au feu qui faisaient l'admiration de tous. Tué glorieusement le 16 avril 1917, en entraînant courageusement son escouade de fusiliers-mitrailleurs à l'assaut des deuxièmes lignes allemandes, sous un feu violent de mitrailleuses.

VIALA (Charles).

Soldat très courageux et énergique. A fait preuve du plus bel esprit de sacrifice et de dévouement. Le 12 avril 1918, son caporal ayant été blessé, a pris spontanément le commandement de sa pièce, et, malgré la violence du bombardement ennemi, lui a fait remplir sa mission.

VIALA (Joseph).

Est proposé pour la médaille militaire. Bon soldat, ayant toujours fait bravement son devoir. A été blessé très grièvement à l'attaque du 12 août 1916.

VARATGES (Léon).

1re citation. — Est proposé pour la Légion d'honneur. Services éminents pendant l'épidémie de typhus, en 1916. S'était distingué précédemment aux colonnes de Tadla (Maroc) et au front français pendant la campagne actuelle.

2e citation. — A montré, au cours de la campagne de Serbie, aussi bien pendant l'épidémie de typhus que durant les opérations de guerre, un réel courage et un grand dévouement.

3e citation. — Excellent médecin qui s'est distingué en

Serbie et qui a contracté, à Vido, une maladie grave en prodiguant ses soins à des malades serbes.

Witt (Maximin).

Brancardier d'élite. S'est distingué à maintes reprises par son courage et son absolu dévouement.

S'est particulièrement signalé dans la journée du 25 octobre, en allant relever, sous un violent bombardement, au poste de secours, pour évacuer les blessés qui s'y trouvaient rassemblés.

TABLEAU D'HONNEUR DES MOBILISÉS DE SOUBÈS

PENDANT LA GUERRE DE 1914-1918

Morts pour la France.

1 Alaux (Pierre), 29 mars 1918.
2 Caisso (Édouard), 5 octobre 1914.
3 Crouzet (Joseph), 15 juin 1916.
4 Delort (Joseph), 29 mai 1916.
5 Delort (André), 19 juin 1918.
6 Félix (Gabriel), 9 décembre 1916.
7 Félix (Léon), 14 novembre 1918.
8 Fournier (Henri), 16 octobre 1914.
9 Lavit (Joseph), 12 octobre 1914.
10 Mallet (Georges), 15 novembre 1918.
11 Mazeran (Francis), 19 août 1914.
12 Orssaud (Zéphirin), 1er avril 1918.
13 Pascalis (Jules), 18 août 1914.
14 Revel (Antonin), 23 janvier 1919.
15 Taly (Raymond), 23 août 1918.
16 Truchard (Louis), 16 avril 1917.
17 Truchard (Henri), 29 septembre 1914.
18 Vellas (Noël), 17 septembre 1914.
19 Viala (Charles), 10 septembre 1918.

Disparus.

1 Favier (Johannès), juillet 1918.
2 Lassalle (Gustave), 30 juin 1915.
3 Sirven (Jean), 2 avril 1916.

Prisonniers.

1 Birouste (Germain), 11 août 1914.
2 Cannac (Arthur), 29 août 1914.
3 Coulet (Alphonse), 27 mai 1918.
4 Merlhou (Ernest), 23 avril 1918.
5 Oulès (Joseph), 13 mars 1917.
6 Rouquet (Éloi), 16 décembre 1917.
7 Tronc (Alfred), 26 avril 1917.

Blessés.

1 Barrière (Émile).
2 Bonnel (Georges).
3 Caisso (Cassius).
4 Cannac (Émile).
5 Cartayrade (Ismaël).
6 Delfaud (Brutus).
7 Ferrand (Jules).
8 Frontin (Jules).
9 Galenc (Léopold).
10 Gendarme (Henri).
11 Gros (Denis).
12 Lassalle (François).
13 Mathieu (Jules).
14 Merlhou (Louis).
15 Oulès (Joseph).
16 Ramond (Émile).
17 Rouquet (Émile).
18 Viala (Joseph).

Légion d'honneur.

1 Médecin-major Varatges (Léon), chevalier.

Médaille militaire.

1 Barrière (Émile).
2 Bonnel (Georges).
3 Caisso (Cassius).
4 Viala (Joseph).

Citations — Croix de guerre.

1 ALAUX (Pierre).
2 AZÉMAR (Abel).
3 BARRIÈRE (Émile), (2).
4 BONNEL (Georges), (3).
5 BOUDES (Raymond).
6 CAISSO (Cassius), (2).
7 DELORT (Joseph).
8 DELORT (André).
9 FÉLIX (Gabriel).
10 FERRAND (Jules).
11 FRONTIN (Jules), (2).
12 GALENC (Léopold).
13 GROS (Jules).
14 GROS (Denis), (2).
15 HÉRAUD (Apollon).
16 LASSALLE (François).
17 MAZERAN (Francis).
18 MERLHOU (Louis).
19 REVEL (Antonin), (5).
20 TALY (Raymond).
21 TRONC (Gaston).
22 TRUCHARD (Louis).
23 VIALA (Charles).
24 VIALA (Joseph).
25 VARATGES (Léon), (3).
26 WITT (Maximin).

Médaille d'Italie.

1 BONNEL (Georges).
2 FERRAND (Jules).
3 MERLHOU (Louis).

TABLE DES MATIÈRES

I

SOUBÈS PENDANT LA GUERRE

SOUBÈS

DE LA PAIX A LA GUERRE

ADMINISTRATION COMMUNALE

VIE RELIGIEUSE

VIE ÉCONOMIQUE

VIE SCOLAIRE

II

LES ÉCHOS DE SOUBÈS

III

LES ÉCHOS POÉTIQUES

IV

LIVRE D'OR DES MOBILISÉS DE SOUBÈS

PENDANT LA GUERRE DE 1914-1918

NANCY, IMPRIMERIE BERGER-LEVRAULT — JUIN 1919

IMPRIMERIE BERGER-LEVRAULT

NANCY - PARIS - STRASBOURG

www.ingramcontent.com/pod-product-compliance
Ingram Content Group UK Ltd.
Pitfield, Milton Keynes, MK11 3LW, UK
UKHW021118220726
13924UKWH00004B/1776